Peter Kuleßa (Hrsg.)
Land im Stress

Peter Kuleßa (Hrsg.)

Land im Stress

Herausforderungen für
sozialen Zusammenhalt und
Demokratie in Deutschland

Gespräche mit Sabine Hark, Wilhelm Heitmeyer,
Andrej Holm, Axel Honneth, Bianca Klose, Dirk
Kurbjuweit, Oliver Nachtwey, Werner A. Perger,
Armin Schäfer, Joseph Vogl und
ein Nachwort von Gerd Mielke.

Der Herausgeber

Peter Kuleßa ist Referent in der Abteilung Kommunikation des AWO Bundesverbandes und dort unter anderem verantwortlicher Redakteur für die Zeitschrift „Theorie und Praxis der Sozialen Arbeit" (TUP).

Bibliografische Information der Deutschen Nationalbibliothek

Die Deutsche Nationalbibliothek verzeichnet diese Publikation in der Deutschen Nationalbibliografie; detaillierte bibliografische Daten sind im Internet über http://dnb.d-nb.de abrufbar.

Das Werk einschließlich aller seiner Teile ist urheberrechtlich geschützt. Jede Verwertung außerhalb der engen Grenzen des Urheberrechtsgesetzes ist ohne Zustimmung des Verlags unzulässig und strafbar. Das gilt insbesondere für Vervielfältigungen, Übersetzungen, Mikroverfilmungen und die Einspeicherung und Verarbeitung in elektronischen Systemen.

© 2016 Beltz Juventa · Weinheim und Basel
Werderstr. 10, 69469 Weinheim
www.beltz.de · www.juventa.de
Satz: Marion Gräf-Jordan, Heusenstamm
Druck und Bindung: Beltz Bad Langensalza GmbH, Bad Langensalza
Printed in Germany

ISBN 978-3-7799-3430-1

Inhalt

Vorwort
Peter Kuleßa 7

Interviews

Die Souveränität des Finanzregimes
Joseph Vogl 14

Der Ökonomismus hat den Sieg errungen
Dirk Kurbjuweit 27

10 Jahre Hartz IV und die Folgen für den gesellschaftlichen Zusammenhalt
Wilhelm Heitmeyer 39

Die Rolltreppe fährt nach unten
Oliver Nachtwey 43

Wahlen, Wahlbeteiligung und die Zukunft von Demokratie
Armin Schäfer 55

Der Markt kann soziales Wohnen nicht regulieren
Andrej Holm 64

Es braucht einen Aufstand der Männer
Sabine Hark 78

**Demokratie in Gefahr?
Populismus und seine Folgen**
Werner A. Perger 89

Das Thema Flüchtlinge ist für Rechtsextreme zentral
Bianca Klose 110

Für eine Vision sozialen Fortschritts
Axel Honneth 118

Nachwort
Gerd Mielke 133

Danksagung 145

Vorwort

Peter Kuleßa

Der vorliegende Interviewband versucht eine Analyse über den Zustand unseres Landes vorzulegen; eine Analyse, die sowohl theoretische, empirische als auch praktische Erkenntnisse zu Fragen eines gerechten und sozialen Miteinanders vereint; eine Analyse, die ebenso nach der Zukunft von Demokratie fragt und deren wachsende Bedrohungen im Blick hat. Die verschiedenen Schwerpunkte und Themen stehen selbstredend in engem Zusammenhang mit den Interviewten. Und doch gibt es jeweils immer wieder Hinweise auf einschneidende Ereignisse, die den Sozialstaat der Gegenwart unter Druck setzen und seine Zukunft und damit den gesellschaftlichen Zusammenhalt bedrohen. Den Kern der Malaise bringt Axel Honneth auf den Punkt. Demnach konstatiert er für die 1980er-Jahre in Großbritannien und in den USA – für die 1990er-Jahre und den Beginn der Nullerjahre auch in Deutschland – eine Entwicklung, wonach es „eine Aufhebung der rechtlichen Verankerung des Wohlfahrtsstaates (gab). Man hat den Wohlfahrtsstaat um seine rechtlichen Zusicherungen gebracht und die Hilfeleistungen konditional gemacht, abhängig gemacht von der Erfüllung bestimmter Bedingungen. Die Rechte auf Wohlfahrt sind inzwischen keine unbedingten Rechte mehr. Alles das, was man komplexe soziale Rechte nannte, ist eigentlich durchlöchert worden. Die Rechtssicherheit auf Wohlfahrt ist genommen worden." (119f.). In den neoliberal dominierten politischen und ökonomischen Diskursen vermag der Honnethsche Befund im Zweifel als irrig angesehen werden. Dies kann kaum mehr verwundern: Wollen politisch Verantwortliche in Deutschland und Europa doch Fragen nach sozialer Gerechtigkeit und dem solidarischen Miteinander vor lauter Wirtschaftshörigkeit, Marktgläubigkeit und Privatisierungseuphorien gar nicht mehr diskutieren. Fragen dieser Art werden vielmehr als unzeitgemäß diskreditiert. Im selben Atemzug werden demokratische Verfahren als lästig und zeitraubend hingestellt. In den allgemeinen Krisenanalysen sind dabei stetig wiederkehrende Erklärungsmuster zu erkennen: Es müsse gespart werden, so die gebetsmühlenartig vorgetragene These, um die Handlungsfähigkeit des Staates zu gewährleisten. Dabei sind es vor allem knallharte Sparprogramme (Stichwort: Austerität), die ganze Staaten in der EU und nicht zuletzt Länder und Kommunen in Deutschland ihrer Handlungsspielräume berauben. Zugleich werden Steuererhöhungen, so eine weitere Erklärung, ausgeschlossen, um die Bürgerinnen und Bürger oder abwanderungswillige Unternehmen nicht zu verschrecken. Es wird also auf der Einnahme- und Ausgabeseite nichts getan. Erklärt wird dies mit der Notwendigkeit, Staat und Wirtschaft für die Globalisierung weiter flott zu halten. Sparen und geringe Steuerbelastungen, so der Tenor, halten den Staat konkurrenzfähig, lassen seine Wirtschaft florieren und dies komme über kurz oder lang allen Bürgerinnen und Bürgern wieder zugute.[1]

Gleiche Freiheitsrechte, soziale Gleichheit, ein solidarisches Miteinander und politische Beteiligungsoptionen gehören zum demokratischen Grundverständnis in Deutschland und Europa. All dies ist jedoch nicht mehr unantastbar und auf ewig garantiert. Im Gegenteil. Ein Beispiel: Im Frühjahr dieses Jahres kamen Papiere an die Öffentlichkeit, die den Verhandlungsstand des geplanten Handelsabkommens TTIP zwischen den

---

[1] Joseph Vogel benennt im nachfolgenden Interview in diesem Zusammenhang unter anderem die historischen Gründe für den stetig wachsenden Einfluss privaten Kapitals und den zeitgleichen Souveränitätsverlust staatlichen Einflusses auf soziale, politische und ökonomische Entwicklungen.

USA und der EU aufzeigten. Neben diversen Details, die an dieser Stelle nicht weiter interessieren sollen, wurde vor allem eines deutlich: Das Abkommen spricht der Privatisierung und Marktfreiheit das Wort; es lehnt Regulierungen zugunsten sozialer Mindeststandards ab und hat für demokratische Legitimation wenig übrig. Zugleich wurde mit der Veröffentlichung die zum Teil bewusste Desinformationspolitik politisch Verantwortlicher gegenüber der Öffentlichkeit entlarvt. Der bekannt gewordene Verhandlungsstand hat eigentlich nur bestätigt, dass staatliche Politiken sich nicht nur im Würgegriff mächtiger Wirtschaftsinteressen befinden, sondern maßgebliche Politikerinnen und Politiker dies offenkundig auch noch mögen oder zumindest befördern wollen.[2] Wie sonst ist es zu erklären, dass über ein solches Freihandelsabkommen derart gewollt die Öffentlichkeit im Unklaren gelassen wird? Dass selbst gewählte Abgeordnete nur unter strengsten Vorkehrungen Einsicht in die Verhandlungszwischenstände erhalten? Soweit so schlecht. Nicht minder beunruhigend war der verhaltene mediale Aufschrei. Das Thema verlangt zweifellos fundierte Kenntnisse, um eine angemessene Information der Öffentlichkeit zu liefern. Angesichts der potentiellen Veränderungen, die ein solches Freihandelsabkommen mit sich brächte, wäre es umso dringender geboten, den Menschen klarzumachen, wie es um die soziale Sicherung, den Verbraucherschutz und Fragen demokratischer Legitimation bestellt ist. Kurzum: An TTIP lässt sich durchaus festmachen, wie wirtschaftsnahe Politik gemacht wird; wie gering demokratische Legitimation

---

2 In einem anderen Zusammenhang hat Dirk Kurbjuweit den Satz nach der Notwendigkeit einer „marktkonformen Demokratie" von Bundeskanzlerin Angela Merkel als jenen „Ökonomismus (bezeichnet), der sich auch auf die Politik übertragen hat. Erschreckend war es, weil Angela Merkel damit zum Ausdruck brachte, dass sie das politische System diesem wirtschaftlichen Denken unterwerfen möchte; dass sie die Demokratie dem Markt unterwirft und diese den Gesetzen des Marktes zu folgen habe." (S. 31)

geschätzt wird; wie bewusst eine öffentliche Debatte vermieden wird. Selbiges lässt sich auch mit Blick auf andere Themenfelder anführen. Ob gewollt oder ungewollt, die verantwortlichen Handlungsträger übersehen dabei eines: Bürgerinnen und Bürger wenden sich entweder resigniert ab oder lassen sich im Zweifel für einfache Antworten auf komplexe Probleme gewinnen oder sind leichter für die Stimmungsmache und radikale Ausgrenzung von anderen Menschen zu begeistern.

In den meisten Staaten der EU gibt es verschiedene Formen repräsentativer Demokratie. In nahezu allen EU-Staaten sinkt freilich die Wahlbeteiligung kontinuierlich; von der Beteiligung an den Europawahlen ganz zu schweigen. Ein wesentlicher Grund: Die Wählerinnen und Wähler haben oftmals genug von den sogenannten etablierten Parteien und deren Personal. Sie fühlen sich im wahrsten Sinne des Wortes nicht mehr repräsentiert.[3] Zugleich haben rechtspopulistische und rechtsextreme Parteien europaweit Zulauf.[4] Es sind Parteien, die mit Ausgrenzungsrhetoriken und rückwärtsgewandten Programmen Politik machen wollen. Sie agitieren gegen das sogenannte Establishment und die etablierten Parteien. Sie treffen häufig einen Nerv bei jenen Menschen, die um ihre soziale und ökonomische Sicherheit fürchten. Es ist dabei keineswegs nur das sogenannte Prekariat, das dafür empfänglich ist. Vielmehr ist es inzwischen auch jener Teil der Mittelschicht, der seine bisherigen sozialen und ökonomischen Gewissheiten schwinden

---

3 Armin Schäfer belegt den Zusammenhang zwischen ökonomischer Stellung und Wahlenthaltung. Wer etwa eine einträgliche Erwerbsarbeit innehat, geht eher wählen als jene, die etwa von Arbeitslosigkeit betroffen sind.

4 Werner A. Perger analysiert die Zukunft der Demokratie und deren Herausforderungen durch politischen Populismus, insbesondere den von rechts. Bianca Klose benennt mit Blick auf die Fragen im Umgang mit Flüchtlingen, welche Gefahren von Rechtsextremisten drohen können. Rassistischen Vorurteilen müsse, so Klose, entschieden widersprochen werden – auch und vor allem durch Lokalpolitik und Zivilgesellschaft.

sieht, ein Ventil sucht und sich in der Unterstützung rechter Parteien Luft zu verschaffen mag; der um seine bisherigen Pfründe bangt und dabei in anderen Menschen – etwa Migranten oder Arbeitslosen – eine Gefahr für den eigenen Wohlstand ausmacht.[5]

Es ist der politische Wille, Sozialleistungen zu kürzen oder Sparprogramme anzuordnen, die ganze Staaten sehenden Auges handlungsunfähig werden lassen. Ein solches Vorgehen fällt nicht vom Himmel. Fatalerweise hat sich in den vergangenen vier Jahrzehnten dieses Denken so weit ausgebreitet, dass öffentliche Diskurse oder wirksamer Protest dagegen kaum mehr stattfinden. So etwa auch in der Armutsfrage. Mittlerweile ist laut Statistischem Bundesamt fast jede/r Fünfte (16,7, Prozent) in Deutschland armutsgefährdet. Häufig reicht eine Erwerbstätigkeit nicht mehr aus, um ein Leben in Würde zu führen; aufgrund materieller Armut sind gesundheitliche Probleme – körperliche und seelische – eher wahrscheinlich, ist die Lebenserwartung der Betroffenen oftmals kürzer, schwinden die Möglichkeiten kulturelle Angebote wahrzunehmen. Am liebsten sollte jedoch die Bekämpfung von Armut, so macht es den Eindruck, als eine zentrale Herausforderung der Zukunft so diskutiert werden wie der Verhandlungsstand bei TTIP: gar nicht.

Es geht in den Interviews dieses Bandes keineswegs darum, den Wohlfahrtsstaat der 1970er-Jahre zurückzufordern. Dies wäre angesichts globaler und technologischer Entwicklungen der letzten 40 bis 50 Jahre realitätsfern. Es soll mit den Analysen jedoch darauf hingewiesen werden, dass funktionierende

---

5 Der Soziologe Oliver Nachtwey benennt vielfältige Entwicklungen und Ereignisse, warum es zu sozialen und ökonomischen Abstiegen von Menschen und Gesellschaften kommen kann. Zugleich skizziert er Überlegungen, warum sich etwa kein tiefgreifender Protest gegen die Ursachen für sozialen Abstieg formiert, sondern politische Apathie und Ressentiments eher größer werden.

(supra-)staatliche Strukturen nötig sind, um systematische soziale Ausgrenzung von bestimmten Bevölkerungsgruppen zu verhindern und um menschenwürdige Lebensstandards zu gewährleisten, um am sozialen, politischen oder kulturellen Leben teilzuhaben. Von daher läuft der in diesem Zusammenhang von interessierter Seite immer wieder angeführte kritische Vorbehalt gegenüber diesen Vorhaben ins Leere; nationale Diagnostiken bedeuten keineswegs nationale Therapien. Im Gegenteil: Heutzutage sind Lösungen in zahlreichen Politikfeldern ohne eine Unterstützung durch die oder Kooperation mit der EU immer seltener möglich.

Die Analysen in den Interviews möchten ebenso deutlich machen: Es gibt Alternativen zum gegenwärtigen politischen und ökonomischen Denken. Selbstbewusste Bürgerinnen und Bürger und eine aufmerksame (Medien-)Öffentlichkeit sollten darüber immer wieder Diskussionen von politisch und ökonomisch Verantwortlichen einfordern. Dies kann aber vor allem nur dann gelingen, wenn die sozialen Rechte der Menschen gestärkt und eben nicht aufgrund ökonomischer Interessen ignoriert werden. Gerd Mielke verweist in seinem Nachwort auf eine seit Jahrzehnten immer wieder empirisch belegte Grundkonstante in Befragungen der Bevölkerung, wonach staatlich garantierte soziale Absicherung einen hohen Stellenwert besitzt. Sprich: Es wird offenkundig seit Jahren und Jahrzehnten eine Politik gemacht, die das Gros der Bevölkerung ignoriert und sich an bestimmten „starken" Interessen orientiert.

Es ist stressig für den Menschen, wenn er seine Existenz Tag für Tag sichern muss; wenn er täglich mit Ausgrenzungen konfrontiert wird – sei es aufgrund des Geschlechts[6], der Hautfarbe, der ökonomischen Lage oder durch fehlende Bildungschancen

---

6   Die Geschlechterforscherin Sabine Hark benennt Gründe und Ursachen für die Ungleichheit zwischen Männern und Frauen und erläutert, wie rechte Politiker feministische Positionen für die Rechtfertigung rassistischer Ausgrenzungspolitiken verwenden.

und unbezahlbaren Wohnraum[7]. Kurzum: Es bedarf eines grundlegenden Umdenkens, um den sozialen und demokratischen Zusammenhalt in Deutschland und Europa nicht aufs Spiel zu setzen. Die Analysen und Überlegungen in den Interviews geben dazu Anregungen und machen Vorschläge, um entsprechende Diskussionen und Debatten unaufgeregt, aber zielführend zu befördern.

---

[7] Der Stadtsoziologe Andrej Holm erläutert, warum ein Umdenken in der Wohnungspolitik notwendig wird, um dauerhafte Armutsrisiken durch unbezahlbare Mieten zu verhindern. Klar dabei ist auch hier: Sozialer Wohnraum kann nur dann entstehen, wenn nicht alles über private Anbieter und den Markt geregelt wird. Es braucht dazu staatliche Wohnungsbau- und Förderprogramme.

Die Souveränität des Finanzregimes

Interview mit Joseph Vogl

Herr Vogl, Sie sind Professor für Literatur- und Kulturwissenschaft: Gibt es eigentlich einen oder gar *den* literarischen Text zur Finanzkrise?

Es gibt eine ganze Reihe von Texten zu Finanzkrisen. Ich würde beispielsweise Don DeLillos „Cosmopolis" empfehlen, wo der Tagesablauf eines Hedgefonds-Managers geschildert wird, der tatsächlich einerseits im Crash, andererseits im Tod endet und wo Lebenskurve und Börsenverlauf auf eine eigentümliche Weise parallel gehen. Mit Blick in die Historie sind Wirtschafts- und Finanzkrisen immer von ganz pointierten literarischen Texten begleitet worden. Denken Sie an die berühmte Papiergeldszene in „Faust II", die an verschiedene Finanzkrisen des 18. und 19. Jahrhunderts erinnert; denken Sie an den Roman „Das Geld" von Zola, in dem eine Spekulationskrise vor dem Hintergrund des zweiten französischen Kaiserreichs im 19. Jahrhundert dargestellt wird. Im Grunde genommen gibt es zu jeder großen Verwicklung auf den Finanzmärkten – Finanzkrisen, Spekulationskrisen, Crashs – auch Schlüsseltexte aus der Literatur, die darin einen ganz eigenen Schauplatz sozialer Turbulenzen ausgemacht hat.

Es ist nicht die Regel, dass ein Literaturwissenschaftler kenntnisreiche Bücher zur Finanzmarktkrise verfasst. Warum interessieren Sie sich seit ein paar Jahren für die Ursachen und Folgen der Finanzkrise 2008?

Aus zwei Gründen: Zunächst habe ich mich für die Entstehung der politischen Ökonomie im 18. Jahrhundert aus kultur- und literaturhistorischer Sicht interessiert und konnte dabei feststellen, wie die Ökonomie im Laufe des 18. Jahrhunderts zu einem zentralen Programm für die Beschreibung sozialer Prozesse geworden ist. Ökonomie wurde zu einem hegemonialen Regierungs- und Gesellschaftswissen.

Wie konnte es dazu kommen?

Ein wichtiger Ausgangspunkt war die Entstehung Europas nach dem Westfälischen Frieden im Jahr 1648. Zwei zentrale Fragen beschäftigten damals alle entstehenden Territorialstaaten: Wie konstituiert sich Europa durch ein neues Gleichgewicht der Kräfte? Und wie lassen sich vor dem Hintergrund der Entvölkerung Europas die Pflege von Bevölkerungen, wirtschaftliche Missstände, Nahrungsmittelkrisen beheben? Der Begriff des *Reichtums* an Bevölkerungen, an Waren, an Nahrungsmitteln wurde damals zum zentralen Spieleinsatz der Politik in den europäischen Ländern.

Und der zweite Grund Ihrer Motivation?

Der zweite Grund war die Frage: Lässt sich die Beschäftigung mit Geschichte, wie ich es seit geraumer Zeit tue, in irgendeiner Weise fruchtbar machen für die Analyse der Gegenwart?

Und, ist es so?

Ja; zumindest gehe ich von der Hypothese aus, dass die Geschichte oder die Herkunft von Gegenwartsphänomenen dazu beiträgt, die Selbstverständlichkeit bestimmter Sachlagen, mit denen wir im Augenblick konfrontiert sind, infrage zu stellen,

Sachverhalte in ein neues Licht zu rücken und damit natürlich auch eine Handhabe für andere Formen der Analyse zu bieten.

Sie analysieren eine historisch kontinuierliche Entwicklung wechselseitiger Abhängigkeiten zwischen Staaten und Märkten, von öffentlichen Institutionen und privaten Finanzinteressen. Was meinen Sie genau?

Ich meine damit, dass die Entstehung des neuzeitlichen und modernen Finanzwesens – und ich spreche ausdrücklich von der Finanz und von Finanzmärkten – elementar mit der Entstehung moderner Staatsapparate verbunden ist und dass sich dabei eine folgenreiche Symbiose von Regierungen auf der einen Seite und finanzkräftigen Investoren auf der anderen Seite ergeben hat.

Lässt sich dies zeitlich festlegen? Oder anders gefragt: Gibt es einen Startpunkt?

Es beginnt sehr früh. Diese Entwicklung lässt sich bereits an norditalienischen Stadtstaaten beobachten, etwa an der Republik Genua. Bereits im 12. Jahrhundert hat sie private Finanziers in die Ausübung von Regierungspolitik eingebunden und damit wiederum auch bestimmte Souveränitätsrechte an private Konsortien abgetreten. Souveränitätsrechte wie Gerichtsbarkeit, die Möglichkeit, Flotten und Heere einzusetzen, Kolonien selbst zu verwalten. Ein wichtiger Startpunkt für die Entstehung des modernen oder neuzeitlichen Kapitalismus waren die Vereinigten Niederlande ab dem 17. Jahrhundert. Hier wurden verschiedene Institutionen geschaffen, die zu der Symbiose von Staatsmacht und Finanz beigetragen haben: die Entstehung beispielsweise von Handelskompanien, Ostindienkompanie oder Westindienkompanie, die im Staatsauftrag, aber auch als private Aktiengesellschaften operierten; oder die Einrichtung einer frühen Form der Zentralbank, wie die Amsterdamer Wechselbank; und natürlich die Schaffung eines Börsenschauplatzes, die Amsterdamer Börse, auf dem dann sehr schnell Aktien und Staatsanleihen gehandelt wurden.

Wie ist die Situation heute?

Grob gesagt ist die heutige Entwicklung durch zwei Elemente geprägt. Ganz wesentlich ist dabei die Entstehung und Institutionalisierung unabhängiger Zentralbanken. Sie haben spätestens in der zweiten Hälfte des 20. Jahrhunderts eine wichtige Funktion zur Sicherung des Finanz- und Währungssystems übernommen. Mit ihrer Unabhängigkeit geht zugleich ein verminderter Zugriff von Regierungsorganen, Exekutive und Legislative, einher.

Der zweite Punkt ist die seit den 1980er-Jahren maßgeblich von Großbritannien und den Vereinigten Staaten forcierte Liberalisierung und Deregulierung der Finanzmärkte. Mit dem damit verbundenen exponenziellen Anwachsen des Volumens der Finanztransaktionen haben sowohl internationale Organisationen wie der Internationale Währungsfonds enorm an Bedeutung gewonnen, ebenso aber auch global operierende Investmentgesellschaften und Privatunternehmen mit öffentlichem Auftrag, so etwa die Ratingagenturen.

Was waren die politischen Motive in den 1980er-Jahren?

Es sind wahrscheinlich verschiedene Faktoren, die eine Rolle spielen. Auf der einen Seite ein Abrücken vom Keynesianismus der Nachkriegszeit und von einer Politik, die spätestens bis in die 1970er-Jahre hinein die internationale ökonomische Ordnung bestimmt hat. Ein wesentlicher Punkt für das Ende dieser Ordnung war das Ende des Abkommens von Bretton Woods, das ja nicht zuletzt aufgrund der amerikanischen Schuldenkrise beendet wurde und dazu geführt hatte, dass nun die Devisenkurse der großen Industriestaaten zueinander zu floaten begannen und damit in hohem Maße Währungsrisiken in sich bargen. Dies rief die Notwendigkeit auf den Plan, beispielsweise durch Devisenderivate den internationalen Handels- und Kapitalverkehr abzusichern.

Ein zweiter Punkt ist ideologischer Natur, und zwar die Entstehung dessen, was man heute Neoliberalismus nennt. Bereits seit Ende des Zweiten Weltkriegs hatten entsprechende pressure groups wie die „Mont Pèlerin Gesellschaft" um politischen und akademischen Einfluss gekämpft und mit ihren geschickten Kampagnen schließlich Erfolg. Dieses Denken ist ganz wesentlich verbunden mit der elementaren Hoffnung, dass bestimmte – auch öffentliche – Funktionen besser durch private Märkte übernommen werden können. Etwa die Privatisierung von Staatsunternehmen in allen westlichen Industrienationen; oder die Frage, ob sich nicht bestimmte Vorsorgeleistungen – Krankenversicherung, Altersversorgung – besser auf den Märkten als über staatliche Versicherungsanstalten einrichten ließen. Hier gibt es ein ideologisches Moment, das sich elementar in der Ausweitung und Verstreuung von Wettbewerbsszenarien über das Fleisch der Gesellschaft hinweg niederschlug. Politisches, publizistisches und akademisches Lobbying, das mit großer Vehemenz bis heute betrieben wird.

Wie konnte sich ein derartiges Denken und Handeln durchsetzen?

Zunächst schien es eine Win-Win-Situation zu sein: Man hatte z.B. die Unabhängigkeit des Finanzwesens durch die Garantie unabhängiger Zentralbanken als Voraussetzung dafür gesehen, dass man sich – auch mit Blick auf die Finanzierung von Volkswirtschaften – die Investoren auf den Märkten günstig stimmt;

unabhängige Zentralbanken garantieren bestimmte geldpolitische Maßnahmen, also etwa Preisstabilität oder Inflationsbekämpfung und damit natürlich in letzter Konsequenz auch Investorenschutz. Umgekehrt konnte sich die Politik von gewissen Verantwortungen befreien. Zentrale wirtschaftspolitische Fragen wurden nun von geldpolitischen Prioritäten abhängig gemacht. Man konnte sich auf glückliche Sachzwänge berufen und die eigenen Hände in Unschuld waschen.

Zum Beispiel?

Etwa dann, wenn man nun z.B. Beschäftigungs- und Lohnpolitik und die Bekämpfung von Arbeitslosigkeit mit Rücksicht auf Preisstabilität und auf die Regungen der Finanzmärkte zurückstellen musste. Sachzwänge eben. Das war für beide Seiten eine durchaus erfreuliche Konstellation: Regierungen sorgten für ein investorenfreundliches Klima, die Finanzmärkte nahmen den Regierungen die Verantwortung für wirtschaftspolitische Entscheidungen ab. Spätestens seit den Wahlen in Griechenland 2015 hat sich diese Situation plötzlich als dramatische politische Konfliktlage zugespitzt. Sie hat die ganz wesentliche Frage aufgeworfen, ob nicht die Orientierung an der Logik und an der Dynamik des Finanzmarkts und die Orientierung an dem, was man Wählerwillen, Volkssouveränität, Mehrheitsentscheidungen nennt, zu einer elementaren politischen Konfrontation führen.

In Diskussionen kursiert vielfach der Begriff des „enthemmten Finanzmarktes". Ist das tatsächlich eine adäquate Beschreibung?

Enthemmung klingt sehr moralisch. Das internationale Finanzsystem – oder das, was man etwas ratlos die Finanzmärkte nennt – ist keineswegs enthemmt, sondern ein höchst reguliertes

System. Es gibt nicht nur Zentralbanken, internationale Organisationen, IWF, Weltbank etc. Es gibt auch ein sehr dichtes Geflecht an internationalen Abkommen, Aufsichtskomitees, privaten Regulierungsinstanzen, Lobbygruppen, Interessenvertretungen, Schiedsgerichten. Unter Wirtschaftswissenschaftlern wurde in diesem Zusammenhang bereits der Begriff des „regulativen Kapitalismus" geprägt; eines Kapitalismus also, der nicht einfach enthemmten oder freien Märkten folgt, sondern ein globales Regulierungsnetz von staatlichen, halbstaatlichen und privaten Institutionen erzeugt hat.

Ein weiterer Punkt liegt in der rasanten Veränderung von Eigentumsbegriffen. Der skandinavisch-amerikanische Wirtschaftswissenschaftler Thorstein Veblen hat diesen neuen Eigentümertyp bereits im 19. Jahrhundert den *absentee owner* genannt. Shareholder würde man heute sagen. Demnach existiert eine bestimmte Form des frei verfügbaren Kapitals, das nicht mehr unmittelbar mit Industrieanlagen, mit der Modernisierung von Produktionseinheiten etc. verbunden ist und das nun auf den internationalen Finanzmärkten neue kollektive Interessenvertreter – etwa in Investmentgesellschaften – gefunden hat. Dieses Kapital hat den großen Vorzug, jeder territorialen, nationalen, aber auch unternehmerischen Verpflichtung enthoben zu sein. Es operiert global, folgt den jeweils günstigsten Investitionsbedingungen und Rechtsstandorten, es fasst die liquiden Kapitalien von Privatpersonen, Firmen, Großunternehmen zu Kapitalgesellschaften, zu einer Art Kollektivkapitalisten zusammen.

Allein das Volumen dieses nach profitablen Anlagen suchenden Kapitals hat eine neue Situation geschaffen, die überhaupt nichts mit Enthemmung zu tun hat, sondern schlichtweg eine jüngste Form des Kapitals repräsentiert, mit der man durchaus einen Konflikt zwischen dem älteren Industriekapitalisten auf der einen Seite und dem Finanzkapital auf der anderen Seite feststellen kann. Ein Beispiel: Als Margret Thatcher in den 1980er-Jahren ihre radikalen finanzökonomischen Reformen durchgesetzt hat, war der britische Unternehmerverband einer ihrer schärfsten Gegner. Und tatsächlich wurde damit ja die erfolgreiche Deindustrialisierung Großbritanniens eingeleitet. Das reicht bis in die Unternehmensstrukturen hinein, z.B. in die Umwandlung von Großunternehmen zu Finanzierungsgesellschaften: Heute stammt der größte Gewinnanteil von Firmen wie General Electric oder Ford aus Finanzdienstleistungen.

Sie konstatieren in Ihrem aktuellen Buch unter anderem einen Souveränitätsverlust für staatliche Institutionen. Dieser Verlust bedeutet für die USA oder Deutschland jeweils etwas anderes. Mit Blick auf die Situation in Deutschland: Jahrzehntelang gab es über die Parteigrenzen hinweg einen wohlfahrtsstaatlichen Grundkonsens. Dieser Konsens war konstitutiv für die Demokratie, wird aber seit etwa 20 Jahren infrage gestellt. Ist also die wahre Substanz hinter den eher formalen Kriterien des Souveränitätsverlustes nicht der politisch gewollte Abbau wohlfahrtsstaatlicher Leistungen? Sprich: Gerät der demokratische Staat sowohl von innen wie von außen unter Druck?

Ja, natürlich. Sie sprechen vom sogenannten „Wohlfahrtskompromiss" der alten Bundesrepublik. Man war sich vor dem Hintergrund der Erfahrungen der 1920er- und 1930er-Jahre mit den großen Inflations- und Wirtschaftskrisen (und den politischen Folgen) zunächst einig, dass der Kapitalismus nur unter einer ganz strengen Hegung seiner Dynamiken weiter funktionieren würde. Der Wohlfahrtskompromiss war ein Versuch, ein kapitalistisches System vor seinen eigenen Gefährdungen zu retten. Dies galt mit Blick auf immanente Krisen, auf die mögliche Zuspitzung sozialer Gegensätze und Konflikte. Der Sozialstaat, die „soziale Marktwirtschaft" waren Präventivmaßnahmen zum Erhalt des Systems. Nun wurde in den 1970er-

und 1980er-Jahren jedoch erkennbar, dass dieses kapitalistische System offenbar sehr viel mehr Elend verträgt, als man erahnt hatte; dass die Ungleichheiten wachsen können, ohne dass das System an seinen internen Widersprüchen zugrunde geht. Ich denke, dass sich seit den 80er-Jahren die zynische Einsicht durchgesetzt hat: Große Reichtumsdivergenzen, große Vermögensdifferenzen schaden dem System keineswegs. Irgendwann wird sich schon ein Trickle-down-Effekt einstellen. Man liebte damals dieses Bild: Die steigende Flut hebt auch die kleinen Boote empor.

Es wird mit Blick auf die Agenda 2010 von Teilen der politischen Klasse den sogenannten Krisenländern in Europa immer wieder gesagt: „Macht bitte auch solche Reformen, dann geht es euch besser." Dahinter steht ja ein kritikwürdiger Reformbegriff. Vor 30 bis 40 Jahren war der Begriff „Reform" noch damit verbunden, dass es möglichst vielen Menschen gut gehen sollte. Inzwischen ist Reform verbunden mit Sozialabbau, Austerität, Sparen. Welcher politische Impetus steckt dahinter?

Zunächst einmal hat man sich in etwas begeben, was Wirtschaftswissenschaftler schon seit den 1980er-Jahren das „Gefängnis des Markts" nennen. Das heißt: Durch bestimmte politische, steuerpolitische, finanzmarkttechnische Reformen ist eine Situation eingetreten, in der eine wesentliche Drohung für gegenwärtige Volkswirtschaften und Nationalstaaten darin besteht, dass Kapitalflucht einsetzen könnte. Um das zu verhindern, hat man sich von staatlicher Seite in ein konditioniertes Verhältnis zu diesen Märkten begeben, man übt sich im Reputationswettbewerb, wirbt mit einer guten oder schlanken Figur um die Gunst der Märkte. Zugespitzt gesagt: Darin vollzog sich ein Wechsel von einem regierungsgesteuerten zu einem marktgesteuerten Finanzsystem. Das „Gefängnis des Markts" hat also die Wirkung einer Geiselnahme erzeugt und ist in seinen Konsequenzen noch unabsehbar. Zugleich sind damit die besten Voraussetzungen für etwas geschaffen worden, was der amerikanische Anthropologie Jeffrey Winters „Reichtumsverteidigungspolitik" nannte: die strukturelle Privilegierung zinsbringender Vermögen. Der Reformbegriff soll bloß ein beschönigendes Licht auf die Erzeugung solcher Abhängigkeiten werfen.

Ist diese Entwicklung mit Blick auf die Geschichte so angelegt oder hat das Ganze eine völlig neue Zuspitzung erfahren?

Ein wichtiger Punkt in diesem in letzter Konsequenz angelsächsischen Wirtschaftssystem ist die Zeit Anfang der 1970er-Jahre, in der vor allem die Vereinigten Staaten als *die* dominante Weltwirtschaft ein zweifaches Problem hatten: ein Handelsbilanzdefizit und eine Staatsschuldenkrise. Dieses doppelte Problem – so eine Hypothese dazu – konnte nur unter der Bedingung gelöst werden, dass andere Staaten in der Bedienung amerikanischer Schulden mit einbezogen wurden. Damals wurden tatsächlich einige Maßnahmen eingeleitet, die Länder mit starkem Exportüberschuss dazu brachten, Gewinne, die im Außenhandel mit den Vereinigten Staaten erzielt wurden, in amerikanische Finanzmärkte zu investieren. Das war ein wichtiger Startschuss für den „Take-off" dieses Systems. Das hat tatsächlich eine neue Dimension ergeben: Finanzmärkte sind zum Motor und Modell aller anderen Märkte geworden.

Was kann getan werden, dass Demokratie und Sozialabbau in Deutschland und Europa nicht noch weiter vorangetrieben werden?

Die Frage wird sein, ob es denjenigen, die unmittelbar von Krisen dieser Art betroffen sind – vor allem ein nicht unbeträchtlicher Teil der Lohnabhängigen wie auch der Arbeitslosen –, gelingt, sich zur Formulierung gemeinsamer Interessen durchzuringen. Eines ist deutlich: Man wird die Interessen von Lohnabhängigen nicht mehr dadurch vertreten können, dass man im Namen des Wirtschaftswachstums ausschließlich die Interessen von Unternehmen vertritt. Denn elementare Dynamiken des Wirtschaftswachstums kommen bei großen Teilen der Bevölkerung nicht mehr an.

Nun unterstellt man ja insbesondere Arbeitslosen aus berechtigten Gründen keine große Neigung zu Protest. Wo sehen Sie denn Akteure, die dieses mögliche Protestpotenzial aufgreifen könnten, um dann dem eine Stimme zu geben?

Diese Akteure sind ja nicht zu übersehen, in Spanien, in Griechenland. Und was Deutschland betrifft, das sich zu den Profiteuren der sogenannten Reformprogramme zählt, lassen sich wohl unterschiedliche Schauplätze ausmachen.

Das heißt?

Denken Sie an eine Art „inneres Griechenland" in Deutschland – die vielfach prekäre finanzielle Lage der Kommunen. Nur zur Erinnerung: Einem investitionssuchenden Privatkapital von ca. 1,4 Billionen Euro steht hier eine massive Verschuldung der Kommunen gegenüber, die ihre Infrastrukturen – vom Freibad über Stadtbibliotheken bis zu Straßen etc. – nicht mehr finanzieren können. Während Immobilien- und Aktienmärkte boomen, verwahrlosen öffentliche Infrastrukturen. Das geht die Leute direkt an, hier liegt ein Widerstandsreservoir bereit.

Das große Problem in diesem Zusammenhang ist die sogenannte Schuldenbremse.

Ja, Schuldenbremsen, Fiskalpakte, Stabilitätspakte ...

Diese sind wiederum politisch eingeführt worden.

Ja. Während es auf der einen Seite durchaus sinnvoll ist, eine eskalierende Staatsverschuldung zu bekämpfen, wäre auf der anderen Seite ganz konkret danach zu fragen, welche öffentlichen Investitionen unverzichtbar bleiben. Staatsschuld ist kein monolithischer Block, und die rein arithmetische Orientierung an sogenannten Schuldenbremsen ist ein völlig willkürliches, fiktives Datum.

Welche Rolle kann und sollte demokratisch legitimierte Politik künftig noch spielen?

Jene Regierungen, die sich auf ein demokratisches Repräsentativsystem berufen, sollten auch rhetorisch, sachlich und praktisch elementare Fragen des Gemeinwohls zur Maxime des Handelns machen und das nicht einfach als Bagatelle begreifen. Es war schon bemerkenswert, wie nach den letzten Wahlen in Griechenland so etwas wie Volkssouveränität insbesondere in Deutschland als geradezu illegitime Regung disqualifiziert wurde.

Ist dieses Denken nicht eine konsequente Fortsetzung von der sogenannten „marktkonformen Demokratie", von der Bundeskanzlerin Angela Merkel einst sprach?

Ich bin nicht sicher, ob die Bundeskanzlerin die begriffliche Dimension der marktkonformen Demokratie erfasst hat. Marktkonforme Demokratie würde nämlich die Identität von Freiheit und ökonomischer Freiheit bedeuten. Daraus ließe sich folgern, dass politische Partizipation auch ökonomische Teilhabe verlangt. Und gerade darum drehen sich die gegenwärtigen Konflikte.

Abschließend: Wie sähe der Roman der gegenwärtigen Finanzkrise aus?

Ich würde vielleicht weniger einen Roman als eine Novelle empfehlen, die ja von „unerhörten Begebenheiten" handelt. Nehmen Sie etwa jene vier Tage im September 2008 – vom Freitag, den 12. September, bis Montag, den 15. September –, als man auf die Pleite von Lehman Brothers zusteuerte: eine überaus lehrreiche Geschichte. Private und öffentliche Akteure, hektische Telefonate und Meetings, unterschiedlichste Interessen, Handlungsdruck, politische Rücksichten und Fehleinschätzungen, kleine Sturheiten, Missverständnisse und schnelle Umschwünge, ernsthafte Absichten und trügerische Hoffnungen – all das hat dazu geführt, dass in der Nacht von Sonntag auf Montag irgendwie, halb gewollt, halb ungewollt, die Entscheidung fiel, Lehman nicht zu retten. Was sich hier durchsetzte, war ein Gesetz der unbeabsichtigten Folgen und führte zu einer Finanznovelle, die von Heinrich von Kleist hätte stammen können. Große Literatur.

Dr. Joseph Vogl
ist Professor für Literatur- und Kulturwissenschaft und Medien an der Humboldt-Universität zu Berlin.

Der Ökonomismus hat den Sieg errungen

Interview mit Dirk Kurbjuweit

Herr Kurbjuweit, in Ihrem Buch „Unser effizientes Leben" schreiben Sie 2003: „Der Ökonomismus hat noch keinen totalen Sieg errungen, aber wir sind auf dem Weg dorthin." Was sagen Sie heute?

Ja, er hat den Sieg errungen. Die Ökonomisierung unseres Lebens ist in einer Weise fortgeschritten, wie ich mir das damals nicht habe ausmalen können. Mir war vor allem nicht klar, welche technischen Hilfsmittel dazukommen werden, um dem Ökonomismus zu seinem flächendeckenden Durchbruch zu verhelfen, vor allem das Smartphone.

Was meinen Sie genau?

Ich bin teilweise richtig erschrocken, wie leichtfertig sich Menschen dem Diktat verschiedener Apps hingeben oder persönliche Daten preisgeben, die vor allem dazu dienen, sie als Konsumenten zu identifizieren und ihnen Botschaften zuzusenden, um sie zum Kauf von Produkten zu verleiten. Oder wenn ich an diese Armbänder denke, mit denen man sich gesundheitlich ständig vermessen kann. Das Ganze dient einer Selbstoptimierung und dem Zweck, sein Leben effizienter zu gestalten. Letzten Endes nützt dies aber vor allem den Unternehmen, „der" Wirtschaft, indem wir einerseits unsere Arbeitskraft effizienter zur Verfügung stellen und uns als Konsumenten andererseits noch transparenter machen.

In engem Zusammenhang mit der Ökonomisierung unseres Lebens steht der Begriff Effizienz. Was ist darunter zu verstehen? Und sind inzwischen unsere Lebensbereiche dem Effizienzgedanken unterworfen?

Ja. Ich habe das Buch damals geschrieben, weil Ende der 1990er-Jahre McKinsey und andere Beratungsfirmen Unternehmen untersuchten und radikal reformierten, und zwar fast immer mit dem Ziel, diese Unternehmen zu schlanken Unternehmen zu machen. Das war damals in; und das musste gemacht werden. Schon zu der Zeit sickerte dieses Denken in alle Lebensbereiche ein. Universitäten, Verbände, selbst die Kirchen holten sich McKinsey oder Roland Berger ins Haus, und diese versuchten, sie effizient zu machen. Ziel war es, mit möglichst geringen Ressourcen die Ziele zu erreichen. Dies führte in der Regel zu Entlassungen oder zu einer extremen Verdichtung des Arbeitsalltags für die Arbeiter und Angestellten. Darüber war ich erschrocken. Okay, dachte ich, wenn es ein Unternehmen ist, kann es unangenehm sein und trotzdem notwendig. Aber warum muss es denn in der Schule so sein? Oder warum muss es an den Universitäten so sein? Der sogenannte Bologna-Prozess ist da für mich sinnfällig. Er ist für mich die McKinseyisierung der Studenten und des Studiums.

Inwiefern?

Man hat aus dem Studium die Zeit herausgenommen, in der man sich gründlich mit etwas befasst, in der man tief einsteigt in eine Materie, zu einem Teil vielleicht auch zwecklos. Man verfolgte früher nicht unbedingt den Zweck, das angehäufte Wissen nachher in Einkommen umzuwandeln oder in einen guten Job. Man interessierte sich für etwas; man wollte ein Thema vertiefen, das einen begeistert und das einen vielleicht zunächst nur persönlich weiterbringt. Das Studium ist durch Bologna stark verschult worden. Es wurde effizienter gemacht.

Was hat seinerzeit die Kirchen motiviert, sich die Berater ins Haus zu holen?

Ich glaube, da kamen Ende der 1990er-Jahre zwei Dinge zusammen: Einerseits ein ökonomischer Druck. Durch die sinkenden Mitgliederzahlen gingen die Einnahmen der Kirchen zurück. Parallel dazu entwickelte sich ein gesellschaftlicher Trend, wonach es cool war, wenige Kosten zu verursachen und damit andere nicht zu belasten. Kurz: effizient zu sein. Mit der Folge, dass eigentlich alle Menschen und alle Institutionen unter Rechtfertigungsdruck geraten sind. Sprich: Als Firmen sich schlank machten, hieß es irgendwann: Wieso muss denn der Staat „fett" sein? Der muss auch schlank werden. Der Staat schlank und die Kirchen als öffentliche Institutionen auch schlank. Universitäten schlank. Das war wie beim Domino: Der eine fing an zu fallen und reißt dann alle anderen mit. Mein Eindruck ist immer noch, dass ein sehr starker Effizienzdruck auf alle Institutionen, alle Lebensbereiche bis weit in den persönlichen Bereich ausgeübt wird.

Wo aber bleibt der Aufschrei der Betroffenen? Warum machen so viele bereitwillig mit?

Es gibt eine Freiwilligkeit, die mich immer wieder wundert. Wahrscheinlich finden viele Leute dieses Neue an den technischen Entwicklungen irgendwie cool. Ich denke aber auch, dass sich vor allem im Zusammenhang mit den Smartphones ein neuer Menschentypus entwickelt hat, der sich voll auf das Neue einlässt, ohne es zu hinterfragen. Es entstehen Gesellschaftsathleten. Diese setzen wiederum Maßstäbe für andere, sodass dieses Effizienzdenken sehr viele erreicht.

Hat der Egoismus folglich den Altruismus abgelöst?

Es gab natürlich schon immer Egoismus. Ich glaube aber, tendenziell haben Sie recht. Egoismus, Selbstbezogenheit spielen eine größere Rolle als früher. Ich komme da wieder zum Smartphone. Das Ich steht dort im Vordergrund. Wie kann ich mich optimieren, wie kann ich mein Leben optimieren, meinen Körper optimieren? Wie kann ich mich darstellen? Und die sogenannten sozialen Netzwerke sind vor allem Selbstdarstellungsmedien.

Der Philosoph Byung-Chul Han konstatiert in seinem Buch „Psychopolitik – Neoliberalismus und die neuen Machttechniken" folgendes: „Die heutige Krise der Freiheit besteht darin, dass wir es mit einer Machttechnik zu tun haben, die die Freiheit nicht negiert oder unterdrückt, sondern sie ausbeutet. Die freie Wahl wird vernichtet zugunsten freier Auswahl zwischen Angeboten." Können Sie dem folgen?

Ja, absolut. Das Fatale ist, dass all die beschriebenen Entwicklungen als Freiheitsgewinn verkauft werden. In gewisser Weise ist es ja auch so: Ein Laptop und ein Smartphone befreien mich zunächst einmal, weil ich als Journalist jetzt fast überall arbeiten kann. Das ist für mich Freiheit. Und ich habe das zu Beginn dieser neuen Technik auch genossen. So langsam kippt es bei mir allerdings. Dieser Freiheitsgewinn, den ich zunächst gesehen habe, gebiert schon die Unfreiheit. Ich arbeite sehr gerne, ohne Zweifel. Aber die Möglichkeit, immer und überall arbeiten zu können, schafft auch eine Erwartung, immer und überall zu arbeiten. Darunter leide ich nicht persönlich, weil mein Arbeitgeber großzügig mit mir ist. Ich weiß aber, dass es für viele Leute nicht gilt und diese unter den Erwartungshaltungen leiden.

Das Fatale an alledem ist das Schleichende. Wir merken gar nicht so richtig, was passiert, und fragen oftmals erst im Nachhinein: Was ist eigentlich mit mir passiert in den letzten Jahren? Wie hat sich mein Verhalten geändert? Dann ist es fast zu spät; dann könnte ich noch eingreifen, aber ich bin an bestimmte Dinge schon so gewöhnt, dass ich sie nicht mehr verändere.

Passt in diesem Zusammenhang – Effizienz, Ökonomisierung – auch der Ausspruch von Angela Merkel aus dem Jahr 2011 zur sogenannten „marktkonformen Demokratie"?

Ja, das würde ich schon sagen. Das war ein erschreckender Satz.

Warum?

Das war Ökonomismus, der sich auch auf die Politik übertragen hat. Erschreckend war es, weil Angela Merkel damit zum Ausdruck brachte, dass sie das politische System diesem wirtschaftlichen Denken unterwerfen möchte; dass sie die Demokratie dem Markt unterwirft und diese den Gesetzen des Marktes zu folgen habe. Da würde ich sagen: Es muss umgekehrt sein. Die Demokratie und die durch Wahlen legitimierte Politik müssen über der Wirtschaft stehen und dieser Regeln verordnen. Es kann nicht sein, dass wir hier eine marktkonforme Politik oder Demokratie haben.

Doch auch hier blieb die große Empörung aus.

Merkel hat den Satz auch nicht wiederholt. Und sie passt mit diesem Denken ganz gut in die Zeit, in der die Ökonomisierung auch auf die Politik übergreift.

30 Prozent Nichtwählerinnen und Nichtwähler bei den letzten und vorletzten Bundestagswahlen. Vor allem die Bürgerinnen und Bürger mit einem niedrigen Einkommen, niedriger Bildung oder auch Arbeitslosengeld-II-Empfängerinnen und -Empfänger bleiben zu Hause. Zugleich ist bekannt, dass es die Strategie von Angela Merkel ist, bei Wahlen zu demobilisieren: Was für Motive verbergen sich dahinter?

Ich glaube, das unterliegt dem Machtgedanken. Diese sogenannte asymmetrische Demobilisierung von Angela Merkel ist schändlich. Die asymmetrische Demobilisierung wendet sich an Leute, die potenziell SPD wählen würden, wenn sie sich über die Bundeskanzlerin ärgerten. Diese Wähler hat Merkel im Blick. Sie bleiben zu Hause, wenn sie denken: Na ja, die SPD wäre mir zwar lieber, aber Merkel ist auch nicht schlimm; deshalb muss ich jetzt nicht sonntags das Haus verlassen und mein Kreuz machen. Deshalb diese Strategie – auch im Wahlkampf: Wir greifen niemanden an; wir machen keine Vorschläge, über die sich jemand aufregen könnte; wir segeln so ganz leise und behaglich durch den Wahlkampf. Ich finde allerdings, ein Regierungschef kann nicht zum Ziel haben, möglichst wenig Menschen an die Wahlurne zu bringen. Es muss umgekehrt sein, weil Wahlen auch der Legitimationsbeweis für unsere Demokratie sind: Wie viele Leute machen mit, wenn sie gefragt sind?

Ist das der reine Machtgedanke?

Ja, das halte ich für einen reinen Machtgedanken.

Ein wenig anders steht es mit dem von Ihnen angesprochenen Befund zur Wahlenthaltung sozial Benachteiligter. Dieser Befund ist fürchterlich. Und das eben umso mehr, als die Durchlässigkeit unserer Gesellschaft absolut unzureichend ist.

Ich bin sicherlich kein Gleichheitsfanatiker. Ich bin aber unbedingt dafür, dass die Chancen gleich sein müssen. Es darf nicht lauten: Bist du arm geboren, bleibst du arm. Ich bin ein Kind der Öffnung des Bildungswesens durch Bundeskanzler Willy Brandt. Bei mir in der Familie hatte niemand studiert, aber meine Schwestern und ich konnten dies selbstverständlich tun. So etwas geht heute immer noch. Aber es wird leider weniger.

Sehen Sie da einen Bezug zur Regierungszeit von Angela Merkel?

Den sehe ich vor allem in der politischen Tatenlosigkeit. Es wird eine Scheinpolitik betrieben, wie zum Beispiel mit der großen Aktion „Bildungsrepublik Deutschland", die von Angela Merkel laut angekündigt wurde. Es sollte alles anders gemacht werden. Dem ist aber nichts gefolgt. Sicher, Frau Merkel ist als Bundespolitikern nicht für die Umsetzung zuständig. Es war eher eine Werbemaßnahme für sie selbst. Umso schlimmer, würde ich sagen.

Ist Angela Merkel in diesem Sinne eine Populistin?

Sie ist ein neuer Typus von Populist. Sie ist nicht die laute Populistin, die hetzerische Reden hält. Sie ist vielmehr Populistin, indem sie nichts tut, was das Volk irgendwie aufregen könnte. Sie bleibt meist still.

Sie lässt ständig Umfragen machen. Alles wird gemessen. Nach der Stimmung in der Bevölkerung wird dann die Politik ausgerichtet. Aber eben nicht mit lauten oder hetzerischen Reden, sondern still und leise. Deshalb würde ich sagen: Sie ist eine Populistin neuen Typus – nicht, wie es früher ein Jörg Haider in Österreich war oder jetzt Marine Le Pen in Frankreich ist. So natürlich nicht. Aber auf eine stille Art, ja.

Wie konnte es dazu kommen?

Da gibt es einen ganz interessanten Verlauf in ihrer politischen Biografie. Angela Merkel ist 2005 angetreten mit dem Anspruch, Reformerin zu sein. Neoliberal war damals in. Es gab auch in weiten Teilen der Medien eine neoliberale Grundstimmung. Merkel hat die aufgegriffen. Sie ist damit in den Wahlkampf gegangen und wäre fast gescheitert. Daraus hat sie viel gelernt. Damit begann ihr stiller Populismus; da hat sie angefangen mit einer Politik der Stille, einer Politik ohne Zumutung, einer Politik ohne großen Reformanspruch. Und ich glaube inzwischen, dass die Deutschen genau dies wollen.

Die Auswirkungen der Agenda 2010 haben viele Leute überfordert; die Folgen der Finanz- und Wirtschaftskrisen haben massiv verunsichert. Sind die Menschen von dem, was von ihnen gefordert wird, was politisch gemacht wird, so überlastet, dass sie froh sind, wenn ihnen niemand mit irgendwelchen Forderungen kommt? Ist ein Großteil der Menschen derart damit beschäftigt, ihre unfreien Freiheiten auszuleben, dass sie mit Politik nichts zu tun haben wollen und froh sind, in Ruhe gelassen zu werden?

Ich glaube, die Bürger sind grundsätzlich gestresst von den politischen Ereignissen. Und das mit guten Gründen. Wenn wir uns dieses noch gar nicht so alte Jahrtausend ansehen: Es begann mit der Krise der New Economy. Das war auch eine Art Weltwirtschaftskrise, durch die viele Leute ihr Geld verloren haben. In der New-Economy-Krise sind viele Träume zerstört worden. Die allgemeine Stimmung, wonach jetzt alle reich werden können durch Investments, wurde jäh enttäuscht. Kurz darauf kam der 11. September 2001. Dann kam 2008 der Ausbruch der Finanzkrise.

Wieder haben die Menschen Hoffnungen auf wachsenden Wohlstand verloren. Dann brach die Unsicherheit um den

Euro aus. Und aktuell: das Aufkommen des IS, auch mit einer Bedrohung für Europa. Die Rückkehr des Kalten Krieges nach der Annektierung der Krim durch Russland. Kurzum: Wir haben einen turbulenten Auftakt in dieses Jahrtausend erlebt. Viele Bürger denken da: „Um Gottes willen, lass' mich bitte mit Politik in Ruhe." Sie vergeben den politischen Auftrag an die Kanzlerin: „Sorg' du mal dafür, dass mich das hier nicht erreicht, dass ich mich hier einigermaßen sicher fühlen kann."
Ich glaube, hier kommen die Interessen der Deutschen und die Fähigkeiten dieser Bundeskanzlerin zusammen. Diese doch sehr unaufgeregte, teilweise auch souveräne Art von Angela Merkel beruhigt die Leute. Ich glaube, viele Deutsche denken: Solange Merkel regiert, wird's so schlimm nicht kommen. Das ist ein unausgesprochener Deal, den Bundeskanzlerin und Bürger miteinander haben.

Es gibt in diesem Zusammenhang eine Diskussion in Deutschland, wonach wir eine Renaissance des Biedermeiers erleben. Kann eine solche gesellschaftliche Stimmung den Nährboden für populistischere politische Gruppierungen am Rande des demokratischen Grundkonsenses bilden?

Ich sehe etwas mit großem Interesse und auch mit Sorge, und zwar das Aufkommen der AfD.

Inwiefern?

Die AfD ist in meinen Augen die Partei des Biedermeiers. Sie ist eine Partei, die die skizzierte Idee von Merkel aufgreift und zuspitzt: Wir sorgen dafür, dass ihr eure Ruhe habt, dass ihr in Sicherheit leben könnt; kein Stress durch die Euro-Krise, das regeln wir; kein Stress durch Flüchtlinge, wir lassen die Schranken runter. Insofern ist die AfD die ideale Partei des Biedermeiers. Ich kann mir durchaus vorstellen, dass wir vielleicht in fünf bis zehn Jahren sagen werden: Das ist die Partei, die aus der Zeit der Regierungen Merkel einfach kommen musste; die diese Grundideen von Merkel aufnimmt, zuspitzt und damit die Bürger erreicht.

Welches Politik- und Demokratieverständnis muss man dem entgegenhalten?

In der Demokratie entsteht Politik über Unruhe. In der Unruhe, im Streit, in der Alternative der Argumente, über die man sich auseinandersetzen und am Ende in Kompromissen versöhnen muss. Das ist für mich der ideale Prozess der Demokratie. Eine Diktatur kommt mit Ruhe aus, sie braucht keinen Streit. Ein Diktator hat Angst vor dem Streit, das ist für ihn bedrohlich. Die Demokratie braucht aber den Streit, auch das Engagement. Es muss lebhaft sein. Das Blut muss zirkulieren. Meine große Sorge ist, dass sich die Deutschen langsam dieser Grundvoraussetzung der Demokratie entwöhnen; dass sie die Stille als zu angenehm empfinden.

Wir brauchen aber das politische Engagement der Bürger für die Gesellschaft. Und das Amt des Bundeskanzlers ist der mit Abstand einflussreichste Akteur des politischen Geschehens. Den brauchen wir dafür. Der muss anregen, anstoßen. Der muss auch mal für Ärger sorgen, indem er einen Teil der Bevölkerung herausfordert, so wie etwa Willy Brandt es gemacht hat mit der Ostpolitik. Bei Konrad Adenauer war es die Westbindung – da gab es eine scharfe Gegnerschaft von Schumacher und der SPD in den ersten Jahren. Helmut Schmidt – Nachrüstung. Gerhard Schröder – Agenda 2010. Egal, wie man die einzelnen Projekte bewerten mag: Gut war die Debatte, die Lebendigkeit; Demokratie war spürbar. Und dafür sorgt Angela Merkel nicht. Dieses Erlebnis beschert sie uns nicht. Das halte ich für einen schweren Fehler.

Ist mittlerweile auch ein Großteil der Medien froh, dass Ruhe ist?

Das wäre wahnsinnig bitter, wenn es so wäre. Mein Eindruck von den Medien, die ich lese, ist: Nein. Viele meiner Kollegen leiden genauso wie ich unter diesem politischen Zustand. Andererseits habe ich schon den Eindruck, dass sich dieser Besänftigungsschleier langsam über die Medien legt; dass man sich daran gewöhnt hat: Das ist die Kanzlerin. Man blickt auf die Umfragewerte: Ach, wieder 75 Prozent, na ja, dann ist es ja gut. Ich fürchte, in Teilen der Medien gibt es eine Verköniglichung von Angela Merkel. Sie ist die Königin des Landes. Das heißt, da hat man Respekt, greift man nicht mehr so an und ist ganz zufrieden, dass sie da ist. Sicher, es gibt in den Medien immer noch Leute, die das anders sehen. Aber insgesamt gibt es wohl auch in den Medien eine zufriedene Stimmung nach dem Motto: Mit dieser Bundeskanzlerin läuft's doch ganz gut.

Jenseits von der Person: Werden denn noch die relevanten Fragen und Themen angemessen publik gemacht und diskutiert?

Da bin ich skeptisch. Die zuvor angesprochene Frage der Undurchlässigkeit der Gesellschaft, die wird leider nicht ausreichend behandelt. Es ist mit Blick auf die oben genannten 30 Prozent Nichtwähler schon so, dass wir es mit Abgeschriebenen zu tun haben. Wir haben in dieser Gesellschaft eine Gruppe der Abgeschriebenen, sodass wir eigentlich nicht mehr von Gesellschaft reden können, sondern nur von 70-Prozent-Gesellschaft. Das ist traurig und darf nicht sein. Das ist vor allem die Verantwortung der Politik, dagegen anzugehen – aber auch der Medien, dies immer wieder zu thematisieren.

Was könnte Sie zuversichtlich stimmen, dass es in den nächsten fünf bis zehn Jahren wieder vitaler zugeht in unserem demokratischen Miteinander?

Ich bin nicht gerne Pessimist, aber ich habe gar keine Vorstellung davon, dass es besser wird. Erstens glaube ich, dass Angela Merkel noch lange Bundeskanzlerin bleiben wird und auf jeden Fall die nächste Wahl überstehen wird. Da wird sich dann nicht viel ändern. Ich habe aber ebenso wenig die Hoffnung, dass die SPD, wenn sie an die Regierung käme, viel ändern würde.

Könnten nicht auch entscheidende Impulse aus der Zivilgesellschaft kommen?

„Die" Zivilgesellschaft enttäuscht mich in gewisser Weise auch. Es gibt Engagement, Stichworte dafür: Wutbürger, Stuttgart 21, der Widerstand gegen die Energiewende, gegen Strommasten. Da gibt es ein politisches Engagement. Das ist auch gut. Was ich jedoch bedenklich finde, ist, dass es hierbei darum geht, dass es schön und gut ist in meinem eigenen Sprengel. Es gibt aber ja auch noch eine gesamtgesellschaftliche Verantwortung des Bürgers. Heute ist Protest Verteidigungsprotest.

Kurzum: Das Engagement der Bürger für sich, für die eigenen Interessen ist durchaus stark. Das ist vielleicht sogar stärker als früher. Aber das Engagement für den anderen, zum Beispiel in sozialen Bewegungen, ist erlahmt.

Dirk Kurbjuweit
ist stellvertretender Chefredakteur des Nachrichtenmagazins DER SPIEGEL.

10 Jahre Hartz IV und die Folgen für den gesellschaftlichen Zusammenhalt

Interwiew mit Wilhelm Heitmeyer

Herr Prof. Heitmeyer, Sie haben zwischen 2002 und 2012 Deutschland nach sogenannter „Gruppenbezogener Menschenfeindlichkeit" untersucht. Was sind die zentralen Erkenntnisse?

Gruppenbezogene Menschenfeindlichkeit fokussiert auf Menschen, die allein aufgrund einer zugeschriebenen oder tatsächlichen Gruppenzugehörigkeit und unabhängig vom individuellen Verhalten in die Abwertung, Diskriminierung und zum Teil in Gewalt durch Teile der Mehrheitsbevölkerung hineingeraten. Dazu gehören Migranten, Juden, Muslime, Homosexuelle, Obdachlose, Behinderte, Sinti und Roma und seit einiger Zeit auch Langzeitarbeitslose.

Kann man sagen, was sich bis heute, Frühjahr 2015, positiv wie negativ verändert hat?

Die Langzeitstudie mit jährlichen repräsentativen Bevölkerungsbefragungen zeigen unterschiedliche Kurven hinsichtlich Zu- und Abnahmen. Fremdenfeindlichkeit ist zum Beispiel nach einer mäßigen Abnahme dann wieder angestiegen. Andere Elemente sind im Untersuchungszeitraum relativ gleich geblieben oder haben sogar abgenommen. Ausführlich ist dies in Band 10 von „Deutsche Zustände" nachzulesen. Deutlich aber ist, dass diejenigen, die sich von der Krise bedroht fühlen, zum Teil signifikant höhere Abwertungen gegenüber einigen Gruppen aufweisen.

Im Rahmen der Untersuchung konstatieren Sie drei „Signalereignisse" in den letzten knapp 15 Jahren, unter anderem die Einführung von Hartz IV 2005. Inwiefern war dies ein „Signalereignis" und mit welchen Konsequenzen?

Wir haben es mit einer Ökonomisierung des Sozialen zu tun. Die Statusunsicherheit mit verschiedenen Desintegrationsängsten und -erfahrungen geht einher mit einer steigenden Abwertung der als „Nutzlose" oder „Ineffiziente" deklarierten Gruppen, also Hartz-IV-Empfängern und Langzeitarbeitslosen.

Spielt denn Erwerbsarbeit tatsächlich immer noch eine so große Rolle für die Identität vieler Menschen?

Nach wie vor spielt Arbeit eine zentrale Rolle, denn es geht ja nicht nur um die materielle Reproduktion, sondern auch um die haltgebende Strukturierung des Alltags und vor allem um die Anerkennungsquelle. Ohne Anerkennung kann niemand leben. Deshalb ist Arbeitslosigkeit so zerstörerisch.

Insbesondere mit Blick auf Arbeitslose, vor allem Langzeitarbeitslose, stellen Sie eine wachsende Ablehnung der Betroffenen durch andere gesellschaftliche Gruppierungen fest. Wer lehnt diese Gruppe ab und warum?

Gegenüber anderen schwachen Gruppen sind vor allem auch Angehörige unterer Sozialschichten häufig sehr abwertend. Der Mechanismus ist klar. Die Abwertung von anderen geht mit dem Gefühl eigener Selbstaufwertung einher. Bei der Abwertung von Langzeitarbeitslosen sind es vor allem diejenigen, die sich selbst einen hohen sozialen Status zuschreiben. Dahinter stehen eine rohe Bürgerlichkeit und ein Jargon der Verachtung.

Gibt es also Entsolidarisierungstendenzen innerhalb der Gesellschaft?

Es ist deutlich zu sehen, dass es solche Entsolidarisierungstendenzen gibt. Insbesondere wohlhabende Gruppen ziehen sich aus der Solidargemeinschaft zurück und reklamieren, wie unsere Untersuchungen zeigen, dann „Etabliertenvorrechte", fühlen sich gar als Benachteiligte. Das zeigt sich gegenüber Hartz-IV-Empfängern und ganz aktuell etwa gegenüber Asylbewerbern, wenn ein Asylbewerberheim in der Nähe ihrer Wohngebiete eingerichtet werden soll.

Untersuchungen belegen den Zusammenhang zwischen schlechter ökonomischer Situation (vor allem Langzeitarbeitslosigkeit), Bildungsferne und sinkender politischer Teilhabe bis hin zur konsequenten Wahlenthaltung. Ist dies ein Teil jener Entwicklung, die bereits 2001 von Ihnen unter dem Stichwort „Demokratieentleerung" erkannt wurde?

Ja, 2001 habe ich über den Zusammenhang von autoritärem Kapitalismus, Demokratieentleerung und Rechtspopulismus geschrieben. Das war damals nicht populär, schon gar nicht, um von einem autoritären Kapitalismus zu sprechen. Empirisch können wir die Demokratieentleerung in unseren Bevölkerungsbefragungen seit Jahren nachweisen. Dies betrifft vor allem jene, die beruflich und sozial desintegriert sind. Sie ziehen sich aus den demokratischen Prozessen zurück – und sind dann auch anfällig für rechtspopulistische Bewegungen.

Diese Zusammenhänge habe ich frühzeitig thematisiert – aber wer hört schon zu?

Was muss getan werden, um mögliche Gefährdungen für das demokratische Miteinander abzuwenden? Welche Rolle sollten politisch Verantwortliche und „die" Medien dabei spielen?

Es gibt keinen Königsweg. Ich weiß es nicht angesichts der komplizierten Gemengelage. Ich vermute, dass eine Veränderung der Anerkennungskultur, also auch Respekt statt Verachtung und Selbstwirksamkeitserfahrung hilfreich sein könnten. Auch müssten Konflikte aus dem negativen Geruch der Destruktion geholt werden. Konflikte können höchst konstruktiv sein. Aber ich bin nicht optimistisch angesichts eines überwältigenden Kapitalismus, der kein Interesse an sozialer Integration, sondern ausschließlich an Konkurrenz hat, und damit auch an permanenter Desintegrationsgefährdung, einschließlich Angst. Zumal ich 2001 darüber geschrieben habe, dass der Kapitalismus einen Kontrollgewinn über ökonomische und gesellschaftliche Entwicklungen errungen hat – und nationale Politik einen Kontrollverlust.

Dr. Wilhelm Heitmeyer
ist Professor für Sozialisation an der Universität Bielefeld und seit August 2013 Senior Research Professor an der Universität Bielefeld und im Institut für interdisziplinäre Konflikt- und Gewaltforschung (IKG) der Universität Bielefeld tätig, das er von 1996 bis 2013 als Direktor leitete. Von 2002 bis 2011 erschien jährlich in der Edition Suhrkamp ein Band „Deutsche Zustände". In dieser Langzeitstudie wurden Fragen von Gruppenbezogener Menschenfeindlichkeit über zehn Jahre in Deutschland systematisch analysiert.

Die Rolltreppe fährt nach unten

Interview mit Oliver Nachtwey

Herr Nachtwey, Sie sprechen in einer kürzlich publizierten Untersuchung von „Abstiegsgesellschaft". Gab es eigentlich eine Aufstiegsgesellschaft?

Mit gewissen Unterbrechungen war die jüngere Geschichte des Industriekapitalismus in Deutschland eine Aufstiegsgesellschaft. Für die Arbeiterschaft, die Mitte des 19. Jahrhunderts überwiegen gewiss pauperisiert war, gab es einen beständigen sozialen Aufstieg, von Facharbeiterqualifikationen und neuen Berufen, etwa dem des Angestellten, die zur Jahrhundertwende vom 19. auf das 20. Jahrhundert entstanden sind. Spannt man den Bogen nicht ganz so weit, dann war es vor allen Dingen die kurze Periode nach dem Zweiten Weltkrieg, wo die Arbeiterschaft etwa von 1945 bis 1975 einen wirklichen strukturellen Durchbruch erfahren hat in ihren materiellen und soziokulturellen Lebenslagen, ihren Bildungschancen und in der Entwicklung ihrer sozialen Position in der Gesellschaft.

Was sind die Gründe?

Das hatte verschiedene Gründe. Gemeinhin erforscht man sozialen Aufstieg oder soziale Mobilität über die Berufe. Dort gibt es nach wie vor einen hohen Impuls zum Aufstieg. Es gibt immer weniger Hilfsarbeit und immer mehr hochqualifizierte Tätigkeiten. Zwischen 1945 und 1975 gab es selbst für ungelernte

Arbeiter eine bedeutende materielle Verbesserung. Aber auch – und das ist ein entscheidender Punkt – eine enorme Ausweitung von sozialen Bürgerrechten. Zu dieser Zeit entstand ein Elitenkonsens, dass der krasse Marktliberalismus der 1930er die Welt in die Krise gestürzt hatte. Als Reaktion wurden der Sozialstaat in qualitativer und quantitativer Hinsicht ausgebaut und die Gewerkschaften als legitime soziale Akteure anerkannt; es gab fast flächendeckende Tarifverträge, die den Beschäftigten relativ hohe Normen von Sicherheit, von Arbeits- und Gesundheitsschutz und geregelte Arbeitszeiten ermöglicht haben. Es gab das Betriebsverfassungsgesetz, 1952, später die Mitbestimmungsgesetze. Das heißt, man hatte auch erweiterte Möglichkeiten, am Wirtschaftsleben teilzuhaben, indem man etwa Betriebsräte wählen oder sich als Betriebsrat selbst aufstellen konnte.

War diese Entwicklung seinerzeit nach dem Zweiten Weltkrieg politisch gewollt?

Sowohl für Großbritannien, Deutschland, Frankreich galt nach dem Zweiten Weltkrieg, dass die Marktwirtschaft reguliert sein soll und die Arbeiterschaft in das politische System integriert gehört. Der antagonistische Klassenkampf wurde von den Eliten beiseite geschoben; nicht zuletzt weil die Arbeiterschaft politisch gestärkt aus dem Zweiten Weltkrieg hervorgegangen ist.

Wie wirkte sich dies konkret aus?

Zwischen 1949 und Anfang der 1970er-Jahre hat sich das Pro-Kopf-Einkommen der Gesamtbevölkerung mehr als vervierfacht. Die realen Nettoverdienste sind bis in die 1980er-Jahre hinein durchweg gestiegen. Sie haben sich entlang der Produktivitätsfortschritte entwickelt. Das heißt, die „Aufstiegsgesellschaft" ist eine Gesellschaft, in der die Arbeitnehmer vom gewonnenen Wohlstand ebenfalls profitiert haben.

Was zeichnet diese Zeit noch aus?

Sicher die Etablierung des sogenannten Normalarbeitsverhältnis.

Das heißt?

Interessant ist zunächst, dass es den Begriff erst seit den 1980er-Jahren gibt. Wie es oft so ist: Man beginnt eine soziale Kategorie zu analysieren, wenn sie in die Krise geraten ist. Das heißt: Wir wissen gar nicht, wie weit das Normalarbeitsverhältnis in den 1950er- und 1960er-Jahren verbreitet war. Das Normalarbeitsverhältnis kam erst dann auf, als man plötzlich merkte: Oh, die Arbeitsverhältnisse ändern sich.

In den 1950er- und 1960er-Jahren lag das Normalarbeitsverhältnis bei 80, teilweise sogar 90 Prozent. Mit der Einführung des 8-Stunden-Tages ist erstmals so etwas wie Freizeit entstanden. Die Leute konnten sich – und das sind zentrale Merkmale der Aufstiegsgesellschaft – größere Wohnungen leisten; man konnte in den Urlaub fahren, in die Ferne reisen; sich ein Auto kaufen. Sprich: Für einen nicht unwesentlichen Teil der Arbeiter, die vorher in Armutsquartieren gelebt haben, wurde gesellschaftliche Entfaltung und Autonomie eine reelle Möglichkeit. Und das Zentrum war eben das besagte Normalarbeitsverhältnis.

Letztlich wurde auch soziale Teilhabe gestärkt, oder?

Ja. Soziale Teilhabe in dem Sinne, dass man etwa in den Betrieben Betriebsräte mitwählen konnte. Soziokulturelle Teilhabe, dass genug Geld vorhanden war, um ins Theater oder ins Kino zu gehen.

Kann man zugespitzt sagen, dass es vorzugsweise ein männlicher Aufstieg war?

Auf jeden Fall. Das Normalarbeitsverhältnis war immer verbunden mit dem männlichen Ernährermodell. Die Männer hatten den unbefristeten Job; sie hatten die unbefristete Stelle, erfuhren Kündigungsschutz, die Integration in das Sozialsystem und einen Lohn, der einen angemessenen Lebensstandard erlaubte. Den Frauen wurde in der Gesellschaft vor allem die Rolle der Hausfrau und Mutter zugeschrieben. Selbst arbeiten zu gehen, ein eigenes Einkommen und eine eigene Alterssicherung zu haben, die sie unabhängig vom Mann sein ließ, war die große Ausnahme. Dazu kam auch noch ein anderer Faktor: Der Aufstieg der Arbeiter gelang auch deshalb, weil es eine Unterschichtung durch migrantische Arbeiter für die einfachen Tätigkeiten gab; das wird gerne verschwiegen. Genauso wie die Tatsache, dass diese damals sogenannten Gastarbeiter ja auch ohne viel Aufhebens wieder des Landes verwiesen wurden, nachdem sie nicht mehr gebraucht wurden. Von daher warne ich auch immer davor, das Normalarbeitsverhältnis zu sehr zu glorifizieren.

Was sind die Gründe für das Ende der Aufstiegsgesellschaft?

Interessanterweise fallen zwei Daten zusammen. 1975 gab es die erste große europäische Wirtschaftskrise nach dem Zweiten Weltkrieg. Betroffen waren eigentlich alle OECD-Staaten.

Von 1949 bis 1975 entwickelten sich die Reallöhne zur Produktivität immer proportional. 1975 ist nun das erste Jahr, in dem die Produktivität weiter ansteigt, die Reallöhne sich aber zum ersten Mal entkoppeln; sie steigen nicht mehr so stark mit.

Noch in den Jahren zuvor gab es sehr hohe Tariferhöhungen. Die Unternehmen sagten jedoch jetzt: Das geht langsam an unsere Gewinne; die Arbeitskosten werden zu hoch; wir fangen an zu automatisieren. Man hat von nun an eher auf arbeitssparende, rationalisierende Investitionen gesetzt. Bestimmte ungelernte Tätigkeiten sind damit aus den Unternehmen weggefallen.

Ein anderer Aspekt ist die sogenannte Lohnquote. Diese ist das Verhältnis von Gewinnen und Arbeitnehmereinkommen am Volkseinkommen. Das Volkseinkommen ist der jedes Jahr neu erwirtschaftete Kuchen, und man teilt diesen auf in Gewinne und in Arbeitnehmereinkommen. Diese Lohnquote ist bis in die 1980er-Jahre immer gestiegen. Das heißt, die Arbeitnehmer haben vom gesamtwirtschaftlichen Kuchen jedes Jahr ein kleines Stück mehr bekommen – bis zum Jahr 1982. Ab da fällt die Lohnquote. Bis dahin konnten die Arbeitnehmer kollektiv ihre Position in der Gesellschaft verbessern. Es gab noch so etwas wie einen kollektiven Aufstieg.

Was waren die Entwicklungen in den 1990er-Jahren?

Dieses Jahrzehnt ist vor allem geprägt von der Globalisierung. Das deutsche Produktionsmodell folgte der sogenannten „diversifizierten Qualitätsproduktion", wie es Wolfgang Streeck genannt hat. Es war ein Hochlohnland mit einem hohen Ausbildungsstandard. Das war das sogenannte deutsche Modell. Dieses Modell geriet im Zuge der Globalisierung der Märkte vermehrt unter Druck. Vor allem bei den Weltmarktfirmen gab es verstärkt betriebliche Bündnisse und Pakte, sodass auch mächtige Gewerkschaften wie etwa die IG Metall starke Zugeständnisse machen mussten. In den 1990er-Jahren wurden Märkte dereguliert: Etwa der Energiemarkt, der Telekommunikationsmarkt, das Gesundheitswesen oder die Krankenhäuser. Dabei sind sehr viele gute Jobs verloren gegangen und wurden durch neue Unternehmen, neue Branchen, die privatwirtschaftlich organisiert waren, reorganisiert. Die Jobs waren dann teilweise auch noch gut, aber nicht mehr ganz so gut wie zuvor. Es gab von nun an immer weniger oder oft auch gar keine Tarifverträge mehr.

Kurzum: In den 1990er-Jahren ging es nicht mehr aufwärts, aber es gab noch so etwas wie eine Stabilität, wenngleich eine unangenehme. Man merkte: Die soziale Ungleichheit wird größer. Es war eher eine Periode von Stagnation, wachsender Ungleichheit und leichten Abstiegen.

Was geschah mit Beginn der Jahrtausendwende?

Mit der Agenda 2010 im Jahre 2003 kam dann der Moment, wo die Abstiegsgesellschaft *institutionell* fixiert wurde.

Das heißt?

Man kann dies gut an der Arbeitslosenversicherung verdeutlichen. Wenn etwa ein Facharbeiter und Familienvater vor 2003 arbeitslos wurde, bekam er drei Jahre 67 Prozent seines vorherigen Gehaltes. Das ist eine Zeit, in der man Pläne machen kann; sich weiterbilden und auch Hoffnungen auf neue Jobs machen kann. Nach der Agenda 2010 wurde das sogenannte Arbeitslosengeld I nur noch ein Jahr lang gewährt. Waren vorher die Treppenstufen des Abstiegs relativ flach und eher lang, wurde sie auf einmal sehr viel steiler und kürzer. Man wusste, überspitzt gesagt: In einem Jahr fange ich an, mein Haus zu verlieren, und nicht in drei Jahren; wenn ich in Hartz IV rutsche, wird das Schonvermögen anders berechnet. Kurzum: Es war der Moment gekommen, wo viele Leute merkten, dass jetzt etwas anders ist. Sie können dies auch an der Lohnquote ablesen. Den stärksten Rückgang der Quote gab es nach 2003. Viele Arbeitnehmer sagten sich: Bevor ich jetzt meinen Job verliere, halte ich lieber die Klappe und verzichte auf zwei Prozent mehr Lohn. Man war eingeschüchtert und verunsichert.

Geht es immer noch weiter bergab? Ist die Abstiegsgesellschaft unumkehrbar?

Jede Gesellschaft – zumindest eine entwickelte Industriegesellschaft –, die nicht völlig auseinanderfallen will, muss „unten" einen Sockel einziehen. An dieser Stelle finden dann die politischen Auseinandersetzungen statt. Der Mindestlohn war ja ein Riesenstreitthema in Deutschland. Im internationalen Vergleich ziemlich absurd. Das – vermeintlich – neoliberale Musterland USA kennt den Mindestlohn seit 1936. Er war ein Element des *New Deals*.

Der Mindestlohn ist natürlich auch eine Folge davon, dass die Gewerkschaften sehr stark an Einfluss verloren haben und dass die Tarifabdeckung massiv gesunken ist. Grob gesagt arbeiten heutzutage weniger als 30 Prozent aller Arbeitnehmer in Deutschland noch in einem Betrieb mit Branchentarifvertrag *und* Betriebsrat. Das heißt, diese Möglichkeit von sozialem Schutz ist enorm eingeschränkt worden. Dadurch braucht man tatsächlich einen Mindestlohn; das ist der soziale Sockel. Karl Marx hat von der „absoluten Verelendung der Arbeiterklasse" gesprochen. So weit wird es nicht kommen. Es gibt immer wieder Gegenbewegungen. Der Mindestlohn ist eine davon. Interessant ist vielmehr, dass es inzwischen auch andere Gruppen gibt, die ebenfalls vom Abstieg bedroht sind.

Wen meinen Sie konkret?

Teile der sogenannten Mittelklasse. Diese ist etwas geschrumpft; sie ist aber nicht an allen Teilen geschrumpft, sondern sie wurde von unten quasi abgehobelt. Sprich: Die unteren

Teile der Mittelklasse sind teilweise rausgefallen, weil es weniger Aufstiege gibt. Wenn ich gegenwärtig in der Mittelklasse bin und ich stolpere einmal, dann ist die Gefahr größer geworden, dass ich das Gleichgewicht für immer verliere und weiter nach unten rutsche. Kürzlich haben Bankangestellte in Frankfurt demonstriert. Das wäre vor zehn Jahren undenkbar gewesen. Wir haben eine Situation, wo nun auch viele Mittelschichtsberufe bedroht sind. Insgesamt lebt die Abstiegsgesellschaft vor allen Dingen davon, dass der Aufstieg anders geworden ist.

Inwiefern ist der Aufstieg anders geworden?

Mein Vater ist Ingenieur auf dem zweiten Bildungsweg. Ich habe ein Hochschulstudium und bin promoviert. Ich bin beruflich ein Aufsteiger gegenüber meinem Vater. Oder: Die Tochter eines Facharbeiters, die Journalistin geworden ist oder vielleicht auch Anwältin, aber nicht in eine große Kanzlei gelangt ist. Das sind berufliche Aufsteiger, aber: kein Normalarbeitsverhältnis, hohe soziale Unsicherheit, das Einkommen ist häufig niedriger und vor allen Dingen weniger kontinuierlich. Zu Stammbeschäftigten zu zählen, das wird immer schwieriger. Ich glaube, das ist es vor allem, was diese Gesellschaft so nervös macht. Überall lauern Abstiege. Das ist vielleicht der Kern der Abstiegsgesellschaft.

Ich verwende in diesem Zusammenhang immer das Bild einer Rolltreppe: Es gab immer Unterschiede auf diesen Rolltreppenstufen, aber in der Aufstiegsgesellschaft ist sie noch für fast alle nach oben gefahren. Zudem konnte ich von unten, wenn ich mich angestrengt und qualifiziert habe, diese Rolltreppe hochlaufen und auch den einen oder anderen überholen. Jetzt hat sich diese Rolltreppe verändert. Sie fährt jetzt für einen bedeutenden Teil der Arbeitnehmer nicht mehr nach oben, sondern nach unten. Sie kennen das vielleicht noch aus der Kindheit: Da hat man gerne versucht, gegen die Rolltreppe nach oben zu laufen. Manchmal hat man es geschafft, aber nicht immer. In jedem Falle war es ganz schön aufregend und anstrengend, gegen die Rolltreppe zu laufen. Ich glaube, für viele Menschen ist dies ihre subjektive Erfahrung: Die Rolltreppe hat die Richtung geändert, und um meinen Status zu halten, muss ich beständig gegen die Rolltreppe anlaufen. Ich steige nicht ab, aber in dem Moment, in dem ich stehen bleibe, geht der Abstieg sofort los. Die Folge: Ich muss mich immer selbst optimieren. Ich muss mich immer selbst ökonomisieren, mich weiterbilden, mich in den Konkurrenzkampf begeben.

Es ist eine permanente Wettbewerbsgesellschaft, im Großen wie im Kleinen. Wie Sie das skizzieren, schreit es ja irgendwie nach einem Kollaps, oder?

Nein, Kollaps glaube ich nicht; eher Konfliktzyklen, wo es immer auch Phasen der Erholung gibt. Seit einiger Zeit merkt man, dass es zu weit getrieben wurde – also wurde der Mindestlohn eingeführt. Die Gewerkschaften versuchen, sich – teilweise durchaus mit Erfolg – zu revitalisieren. Ich glaube, es gibt keinen großen Kollaps, aber die einzelnen Konflikte spitzen sich weiter zu. Wir haben nicht mehr die großen Massenmobilisierungen, aber – und das berichten zahlreiche Stadtverantwortliche – immer mehr vereinzelte Demonstrationen. Nicht alle drehen sich um die soziale Frage, auch um Gentrifizierung, um Migration, um Schulen, um Lärmbelästigung, um Großbauprojekte. Und: Die Kämpfe werden auch moralischer. Die heutige Kitaangestellte sagt etwa: Ich bin nicht nur die Basteltante. Ich bin hier was wert. Ich will Anerkennung für meine Arbeit.

Diese Anerkennungsdimension ist deshalb spannend, weil etwas anderes zum Ausdruck kommt als die klassischen Arbeitskämpfe der 1970er- und 1980er-Jahre. Der klassische Arbeitskampf der sozialen Moderne war immer ein bisschen von der Devise geleitet: „Wir wollen einen großen Schluck aus der Pulle." Das waren teilbare Konflikte. Und bei der Kita? Die Betroffenen möchten natürlich auch mehr Geld. Aber es geht auch noch um etwas anderes. Da geht es um Verhandlung von gesellschaftlichen Positionen. Nach dem Motto: Die Reichen streichen alles ein, und wir? Wir machen doch auch etwas Vernünftiges in der Gesellschaft. Deshalb wollen wir eine Aufwertung. Wir wollen mehr Anerkennung.

Ist Protest auch privater geworden?

Er ist dekollektiviert worden, in diesem Sinne auch privat. Es ist viel stärker eine Politik der ersten Person. Es gibt zugleich ebenso eine erschreckende Bewegung wie Pegida. Diese Bewegung hat viele Elemente dieser Wettbewerbsgesellschaft, weil sie sehr stark von ökonomischen Ressentiments lebt. Pegida sagt offiziell: „Wir haben nichts gegen Migranten, wir wollen halt nur die, die ökonomisch nützlich sind. Wir wollen nicht diese Flüchtlinge, die unseren teuren Sozialstaat ausnutzen." Pegida ist ein Teil der abstiegsbedrohten Mittelschichten und prekär Beschäftigten, die die Wettbewerbsgesellschaft in Ressentiments umleiteten – sei es gegenüber den unproduktiven Unterschichten oder den Ausländern in der einen oder anderen Form.

Sehen Sie, jenseits von diesen Nicht-Abstiegs-Protesten, Nicht-Absteigenwollen-Protesten und Anerkennungskämpfen, weitere Protestpotenziale?

Der Aufstieg der Vergangenheit ist insofern natürlich etwas Problematisches. Karl Marx und Friedrich Engels konnten noch sagen: Die Arbeiter haben nichts zu verlieren als ihre Ketten. Heute hat man etwas zu verlieren. Natürlich schätzen viele den Lebensstil der Mittelklasse und viele Leute wollen ihn auch erreichen. Und wenn man Angst hat, was macht man dann?

Sagen Sie es uns.

Viele Leute sind damit beschäftigt, in ihren Status zu investieren; in den Status der Kinder zu investieren und gegen die runterfahrende Rolltreppe anzulaufen. Aber auch das ist endlich. Nehmen Sie die Finanzkrise 2007/2008. Es wurden vor allem die Banken gerettet. Auf einmal waren in Spanien viele öffentliche Plätze besetzt, weil die jungen Menschen kollektiv gefragt haben: „Wir haben doch alles richtig gemacht. Wir sind hoch qualifiziert. Wir haben Fremdsprachen gelernt. Wir waren im Ausland. Wir haben Universitätsabschlüsse. Wir haben alles gemacht, was ihr wollt. Doch jetzt haltet ihr euer Versprechen gar nicht ein. Es gibt nicht einmal für Hochqualifizierte Jobs. Wir müssen zu Hause wohnen und uns mit Gelegenheitsjobs über Wasser halten." Die Menschen haben Mut gefasst und gesagt: „Jetzt gehen wir kollektiv auf die Straße."

Ich glaube, das ist ein bisschen die Zukunft des Protestes: viel stärker Bewegungen, die scheinbar aus dem Nichts kommen, unerwartet sind, wo die Menschen sich über Emotionen und Affekte zugehörig fühlen; plötzlich begeistert sind, aber gleichzeitig ein tiefes Misstrauen gegenüber Organisationen und traditioneller politischer Organisierung haben. Weil diese die Leute auch gar nicht mehr erreichen. Es gibt diese Eruptionen von Engagement und Protest, und diese Eruptionen treten in den letzten Jahren öfter auf. Sie werden teilweise drastischer, sie verschwinden aber auch rasch wieder. Seit dem Ende der Nullerjahre gab es mehr riot-artige Explosionen, etwa in Paris,

London, Stockholm oder vor ein paar Monaten in den USA. Und das sind nicht nur Rassenexplosionen, sondern auch vor allen Dingen *race and underclass*. Das kommt immer zusammen.

Gleichzeitig überkommt einen das Gefühl, die Politikerinnen und Politiker geben nicht zu, dass sie vieles eigentlich nicht mehr in der Hand haben – und die Bürgerinnen und Bürger das zugleich auch wissen.

Die Bürger wollen es sich auch nicht bewusst machen, müssten sie doch sonst vielleicht selber etwas tun. Viele Menschen wollen jedoch in Ruhe gelassen werden. Man schätzt die Stabilität schon sehr. Dieses Sediertsein hat viel mit der sogenannten Postdemokratie zu tun. Ich glaube, viele Leute wollen nicht wissen, was wirklich in der Welt passiert, weil sie dann real anderen Gefahren ins Auge blicken müssten.

Zugleich gibt es trotz alledem Leute, die Angst vor dem Fremden haben, Angst vor dem Statusverlust.

Ja, die Grundstimmung ist eine Mischung aus Nervosität und dem Bedürfnis, sediert zu sein oder politisch sediert zu werden.

Ist das eine Folge von dieser Abstiegsgesellschaft?

Ja, sicher. Genauer gesagt: Die Nervosität, die Rolltreppe hochlaufen zu müssen, ist eine Folge der Abstiegsgesellschaft.

Dr. Oliver Nachtwey
ist Fellow am Frankfurter Institut für Sozialforschung. Im Suhrkamp Verlag ist von ihm kürzlich eine Untersuchung zur „Abstiegsgesellschaft" erschienen.

Wahlen, Wahlbeteiligung und die Zukunft von Demokratie

Interview mit Armin Schäfer

Herr Professor Schäfer, eine zentrale Idee von Wahlen ist es, dass sie die Pluralität der Bevölkerung zum Ausdruck bringen sollen. Wie bedeutsam ist in diesem Zusammenhang die Frage der Wahlbeteiligung?

Sie ist sehr wichtig, weil aus der politikwissenschaftlichen Forschung seit Langem bekannt ist, dass die Beteiligungsunterschiede zwischen sozialen Gruppen geringer ausfallen, wenn die Wahlbeteiligung hoch ist. Eine niedrige ist immer eine sozial ungleiche Wahlbeteiligung, wie wir auch bei der Bundestagswahl 2013 sehen konnten. Wer beispielsweise ein geringes Einkommen hat, wählt sehr viel seltener als jemand mit hohem Einkommen, weshalb die Wählerinnen und Wähler nicht unbedingt ein Spiegelbild der Wahlberechtigten sind.

Dies zeigt sich sehr deutlich, wenn man die Wahlbeteiligungsraten in den Stadtteilen deutscher Großstädte vergleicht. In wohlhabenden Stadtteilen werden weiterhin Beteiligungsraten von fast 90 Prozent erreicht, während in armen Stadtteilen weniger als 50 Prozent der Wahlberechtigten die Stimme abgeben.

Wie hat sich die Wahlbeteiligung in Deutschland, insbesondere mit Blick auf die Bundestagswahlen 2009 und 2013, entwickelt? Wer geht wählen? Wer geht nicht wählen? Was sind die Gründe?

Wir beobachten seit Langem einen Rückgang der Wahlbeteiligung – der alle Arten von Wahlen betrifft. Bei Kommunalwahlen wählt nur jeder zweite, bei Landtagswahlen sind es drei von fünf Wahlberechtigten. Und auch bei den Bundestagswahlen liegt die Wahlbeteiligung heute etwa 20 Prozentpunkte unter der der Siebzigerjahre. Die niedrigste Beteiligung wurde 2009 erreicht, doch auch 2013 verharrte sie nahezu unverändert auf diesem Niveau.

Zu den Nichtwählern gehören überproportional Menschen, denen es materiell schlechter geht und die eine geringere formale Bildung aufweisen. Sozial Bessergestellte wählen dagegen weiterhin in großer Zahl – auch wenn es natürlich in allen Schichten Nichtwählerinnen und Nichtwähler gibt. Besonders groß sind die sozialen Unterschiede in der Wahlbeteiligung der heute Jüngeren. Da das Wählen auch etwas mit Gewohnheit zu tun hat, muss man einen weiteren Rückgang der Wahlbeteiligung sowie eine wachsende Ungleichheit befürchten, wenn die Generation der heute Älteren nicht mehr an Wahlen teilnimmt. Die Gründe für die Nichtwahl liegen in einer geringen Bindung an die Parteien, geringerem politischem Interesse, politischer Unzufriedenheit sowie in mangelndem Zutrauen, dass die eigene Stimme etwas ändern kann. Auch das Gefühl, zu wählen sei eine staatsbürgerliche Pflicht, ist bei Nichtwählern schwach ausgeprägt.

Was sind die (langfristigen) Folgen von wachsender Wahlenthaltung – vor allem jener Menschen, die in prekären Lebensverhältnissen leben – für die Bedeutung von Wahlergebnissen insgesamt?

Leider ist das weniger gut erforscht, als nötig wäre. Aber die vorhandenen Studien weisen darauf hin, dass politische Entscheidungen sich an jenen orientieren, die sich politisch beteiligen. Nur wer wählt, zählt. Wenn insbesondere ärmere Menschen aufs Wählen verzichten, droht die Gefahr, dass deren Anliegen keine Beachtung finden und sich die Verteilung knapper Mittel stärker an den Interessen der Mittel- und Oberschicht orientiert. International vergleichende Studien belegen, dass der Sozialstaat großzügiger ist und die Ungleichheit geringer ausfällt, wenn die Wahlbeteiligung höher und damit weniger ungleich ist. Ein Grund dafür ist, dass die Nichtwahlneigung insbesondere unter den Schichten ausgeprägt ist, die früher Stammwähler von Mitte-links-Parteien waren. Für Bremen lässt sich beispielsweise zeigen, dass in den SPD-Hochburgen die Wahlbeteiligung viel stärker als in CDU-Hochburgen gesunken ist.

Ist angesichts der beschriebenen Entwicklungen politische Gleichheit als ein ganz wesentlicher Aspekt für eine Demokratie auf lange Sicht gefährdet?

Dabei muss man zwischen rechtlicher und faktischer Gleichheit unterscheiden. Die Gruppe, von der wir reden, hat ja weiterhin das Recht, an Wahlen teilzunehmen, verzichtet aber darauf, es in Anspruch zu nehmen. Rein formal ist die Gleichheit nicht gefährdet. Wenn es jedoch um die faktische Gleichheit geht – nämlich darum, ob alle Gruppen die gleiche Chance haben, dass ihre Anliegen berücksichtigt werden –, sieht es schlecht aus. Hier droht sich ungleiche Beteiligung in ungleiche Repräsentation zu übersetzen. Amerikanische Forschungsarbeiten weisen nach, dass immer dann, wenn Meinungsunterschiede zwischen Arm und Reich bestehen, sich die Politik auf die Seite der Reichen stellt. Auch hier steckt die Forschung zu Deutschland noch in den Kinderschuhen. Doch wenn sich diese Ergebnisse bestätigen, wird das demokratische Ideal politischer Gleichheit beschädigt.

Worin besteht denn eigentlich generell die Bedeutung repräsentativer Demokratie?

Obwohl in den Bundesländern und Kommunen direktdemokratische Entscheidungsverfahren ausgeweitet worden sind, kann nur ein kleiner Teil von Fragen durch sie beantwortet werden. Für die Mehrzahl der Entscheidungen bleiben Parlamente der zentrale Ort – das lässt sich gar nicht anders organisieren. Damit die dort getroffenen Entscheidungen breit akzeptiert werden, ist es nötig, dass die Repräsentanten die Meinung der Repräsentierten beachten und, falls sie anders entscheiden, dies ausführlich begründen. Besteht dauerhaft eine Kluft zwischen der Bevölkerung einerseits und der politischen Elite andererseits, die auch durch Regierungswechsel nicht verschwindet, muss von einem Mangel an Repräsentation gesprochen werden. Nun gibt es Hinweise, dass die soziale Zusammensetzung der Parlamente die dort getroffenen Entscheidungen beeinflusst. Da die Abgeordneten ganz überwiegend Akademiker sind, besteht auch hier die Gefahr, dass die Anliegen der sozial Benachteiligten nicht bekannt sind und dadurch nicht beachtet werden.

Warum ist die wachsende Schar von Nichtwählern immer nur sporadisch ein Thema in politischen und öffentlichen Debatten?

Dafür gibt es zwei Gründe. Zum einen wird die Frage nach der Wahlbeteiligung schnell durch das Wahlergebnis und die Koalitionsverhandlungen in den Hintergrund gedrängt. Eine Regierung muss ja auch dann gebildet werden, wenn die Beteiligung niedrig war. Zum anderen sind die Lösungswege nicht offensichtlich. Der Rückgang der Wahlbeteiligung hat sich schleichend über einen längeren Zeitraum vollzogen, und nun ist nicht klar, durch welche Maßnahmen daran etwas geändert werden kann. Dies erschwert die Debatte, obwohl in meiner Wahrnehmung die Aufmerksamkeit heute höher ist als noch vor fünf Jahren.

Welche Gefahren sehen Sie für ein demokratisches Miteinander, wenn sich resignierte Wähler immer weniger oder gar nichts aus ihrem Wahlrecht machen?

Neben den schon genannten Auswirkungen für die politische Gleichheit wächst auch eine den etablierten Parteien ablehnend gegenüberstehende Gruppe, die sich punktuell durch populistische Parteien mobilisieren lässt, deren Kernbotschaft immer lautet: Die da oben kümmern sich nicht um euch. Je mehr diese Einschätzung geteilt wird – und sie hat ja auch eine reale Grundlage –, desto eher sind Menschen bereit, Anti-Establishment-Parteien zu wählen, die in Deutschland von den Piraten über die AfD bis hin zur NPD reichen. In fast allen Nachbarländern sehen wir, wie groß das Potenzial für Wahlerfolge solcher Protestparteien ist. Dabei sind nicht alle populistischen Parteien durch die Bank negativ zu bewerten, denn zum Teil machen sie genau auf jene Kluft zwischen Repräsentanten und Repräsentierten aufmerksam, von der ich vorhin sprach. Sie können durchaus als Korrektiv dienen, indem sie die anderen Parteien zumindest dazu zwingen, die eigenen Positionen besser zu erläutern und für Zustimmung zu werben.

Kann es nicht etwa auch sein, dass Nichtwahl Ausdruck von politischer Zufriedenheit ist? Nach der Devise: Es ist eigentlich alles so gut in Deutschland, dass es auf meine Stimme nicht ankommt. Wie beurteilen Sie einen solches Verständnis?

Nein, nein, da ist nichts dran. Dieses Vorurteil bestand lange in der Forschung, aber genau das Gegenteil ist richtig: Wer mit der Regierung oder der Demokratie zufrieden ist, wählt, wer unzufrieden ist, bleibt viel eher zu Hause.

Was kann, was sollte getan werden, um die Wahlenthaltung zu minimieren? Es gibt in diesem Zusammenhang Vorschläge wie Wahlkabinen im Supermarkt oder die Zusammenlegung von mehreren Wahlen auf einen Tag. Was halten Sie davon?

Der Befund ist eindeutig, dass die Wahlbeteiligung deutlich höher ausfällt, wenn Wahlen zusammengelegt werden. Wo das möglich ist, sollte es auch geschehen. Daneben spricht aus meiner Sicht nichts dagegen, auch neue Wege auszuprobieren, wie sie von der ehemaligen SPD-Generalsekretärin Fahimi vorgeschlagen wurden. Allerdings glaube ich nicht, dass das Wählen zu aufwendig und deshalb die Wahlbeteiligung niedrig ist. Im internationalen Vergleich sind die Hürden in Deutschland sogar besonders niedrig. Menschen verzichten auf die Stimmabgabe nicht, weil der Aufwand untragbar hoch ist, sondern weil das Misstrauen gegenüber den Parteien groß und das politische Interesse eher gering ist.

Hinzu kommt, dass typische Wähler und typische Nichtwähler in unterschiedlichen Welten leben. Wir wissen, dass Ehepaare, Freundeskreise und Wohngegenden zunehmend homogener werden, womit die Unterschiede gegenüber anderen jedoch zunehmen. Mit Blick auf die Wahlteilnahme heißt das, Nichtwähler sprechen viel häufiger mit anderen Nichtwählern über Politik, Wähler dagegen mit anderen Wählern. Im extremen Fall kennt man niemanden mehr, der zur Wahl geht, einen darauf anspricht oder ein Vorbild sein könnte. Schon bestehende Beteiligungsunterschiede werden dadurch weiter vergrößert. Schaut man Stadtteile an, findet man enorme Unterschiede, die dies widerspiegeln: Während in wohlhabenden Vierteln auch heute noch fast alle wählen, gilt dies in den armen Stadtteilen nur noch für jeden zweiten – und das bei Bundestagswahlen! Im Umkehrschluss bedeutet dies, dass eine sozial durchlässigere und insgesamt egalitärere Gesellschaft nicht im selben Maße mit einer niedrigen und ungleichen Wahlbeteiligung zu kämpfen hat. Dänemark ist dafür ein gutes Beispiel.

Was halten Sie in diesem Zusammenhang von einer Wahlpflicht?

Zumindest ist eines empirisch unbestreitbar: Eine gesetzliche Wahlpflicht sorgt verlässlich für eine hohe und damit auch sozial gleiche Wahlbeteiligung. Doch wer auch nur die Diskussion über eine Wahlpflicht einfordert, macht sich extrem unbeliebt. Politiker, die derartige Forderungen aufgestellt haben, wurden stets zurückgepfiffen. Denn ein Wahlzwang widerspricht der Auffassung, dass Wählen ein Recht, aber eben keine Pflicht ist – obwohl man natürlich eine ungültige Stimme oder einen leeren Stimmzettel abgeben kann. Zur Wahl gezwungen zu werden, wird als undemokratisch angesehen und gerade von denen abgelehnt, die ein negatives Bild von Politikern und Parteien haben. In einem zweifellos demokratischen Land wie Australien, das seit Jahrzehnten eine Wahlpflicht hat, wird sie dagegen breit akzeptiert und ganz anders diskutiert. Die Hoffnung der Befürworter ist, dass eine Wahlpflicht die soziale Schieflage der Wahlbeteiligung beseitigt und dadurch die Parteien zwingt, sich programmatisch neu auszurichten und eine andere Politik zu machen. Natürlich wäre es besser, auf dieses höchst umstrittene Instrument verzichten zu können und stattdessen die soziale Ungleichheit auf dänisches Niveau zu senken, damit die Wahlbeteiligung wieder steigt – doch die Wahrscheinlichkeit, „dänischer" zu werden, ist unter der Bedingung einer sinkenden und zunehmend ungleichen Wahlbeteiligung gering.

Sind politische Parteien eigentlich noch in der Lage, das sogenannte Prekariat zu erreichen? Zugespitzter gefragt: Müssen alle Parteien überhaupt ein Interesse daran haben, dass das Prekariat wählen geht?

Na ja, zumindest für Parteien links der Mitte sollte es schon attraktiv sein, Nichtwähler wieder an die Urne zu bringen, um die eigenen Wahlchancen zu verbessern. Der Wille ist in diesen Parteien auch vorhanden, aber nach meinem Eindruck sind die Möglichkeiten begrenzt. In Nichtwählerhochburgen haben häufig auch Mitte-links-Parteien, die dort früher stark waren, nur wenige aktive Mitglieder. Einmal im Wahlkampf an einer Tür zu klingeln, reicht vermutlich nicht aus, um Vertrauen und dauerhafte Bindungen aufzubauen. Das erfordert einen langen Atem. Die „Kümmererpartei" ist ein erfolgversprechendes Modell, doch wer soll sich kümmern, wenn die Mitglieder fehlen? Wenn zudem Mobilisierungsanstrengungen dauerhaft erfolglos bleiben, könnte auch das Interesse schwinden, es noch zu versuchen.

Abschließend: Sind die immer wieder diskutierten Elemente direkter Demokratie eine Chance, politische Ungleichheiten zu kompensieren, oder eher nicht?

Ich fürchte, die direkte Demokratie wie auch der Ausbau alternativer Beteiligungsformen vergrößern die Unterschiede noch, denn häufig sind die Beteiligungsraten noch niedriger und die Beteiligungskluft noch größer. Sachabstimmungen benötigen ein besonders großes politisches Interesse, doch das fehlt typischen Nichtwählern. Wenn zudem die inhaltliche Position von denselben Faktoren abhängt wie die Beteiligung an einer Abstimmung, dann kann die Direktdemokratie den Bürgerwillen noch stärker verzerren als die repräsentative Demokratie. Beispiele dafür sind die Abstimmung über die Hamburger Schulreform oder das Rauchverbot in Bayern.

Noch gravierender sind die Unterschiede bei anderen Beteiligungsformen. An einer Wahl oder Abstimmung teilzunehmen, ist ja relativ einfach. Im Gegensatz dazu sind die Mitarbeit in einer Bürgerbewegung, Petitionen, Demonstrationen oder

Runde Tische aufwendiger. Wir erleben, wie Beteiligungsmöglichkeiten sowohl bei Wahlen als auch bei Sachfragen ausgeweitet werden, um die Demokratie attraktiver zu machen. Das gelingt auch, aber vor allem für die Mittel- und Oberschicht. Typische Nichtwählerinnen und Nichtwähler nutzen diese anderen Möglichkeiten, sich politisch zu engagieren, dagegen häufig nicht. Zwischen „konventionellen" und „alternativen" Beteiligungsformen besteht kein Gegensatz – wer jene nutzt, lässt diese sein –, sondern im Gegenteil eine wechselseitige Verstärkung.

Dr. Armin Schäfer
ist seit Oktober 2014 Professor für Politikwissenschaft mit dem Schwerpunkt „International Vergleichende Politische Ökonomie" an der Universität Osnabrück. Zuvor war er von 2001 bis 2014 am Max-Planck-Institut für Gesellschaftsforschung tätig. Seine Forschungsschwerpunkte liegen an der Schnittstelle von Vergleichender Politischer Ökonomie, Empirischer Demokratieforschung und Politischer Theorie. In den letzten Jahren hat er sich intensiv mit dem Zusammenhang von sozialer und politischer Ungleichheit, den Ursachen der Nichtwahl sowie europäischer Wirtschafts- und Sozialpolitik auseinandergesetzt.

Der Markt kann soziales Wohnen nicht regulieren

Interview mit Andrej Holm

Herr Holm, in einer Untersuchung von 2014 wurde festgestellt, dass in Deutschland 4,2 Millionen Sozialwohnungen fehlen; eine andere Studie aus demselben Jahr brachte zutage, dass sich armutsgefährdete Familien nur zu 12 Prozent familiengerechte Mietwohnungen leisten können. Kann Wohnen im Jahre 2016 arm machen?

Wohnen macht vor allem in Großstädten und in den Universitätsstädten arm, weil dort Haushalte mit durchschnittlichen oder geringen Einkommen einen großen Teil ihres Haushaltseinkommens für Miete aufwenden müssen. Es gibt Untersuchungen, die zeigen: Je geringer die Einkommen sind, desto höher ist die sogenannte Mietbelastungsquote. Das geht dann an die 40 bis 50 Prozent. Hinzu kommen noch Betriebs- und Heizkosten, die in den Nettokaltmietberechnungen häufig nicht bedacht werden. Kurzum: Wohnen ist ein wesentlicher Faktor des restlich zur Verfügung stehenden Einkommens. Aufgrund der sehr hohen Neuvermietungsmieten wird es für ärmere Haushalte zudem immer schwieriger, überhaupt eine Wohnung zu finden. Aus familien- oder wohnungsbezogenen Gründen notwendige Umzüge finden gar nicht erst statt, weil man sich den Umzug in eine andere Wohnung nicht leisten kann. Es gibt also einen doppelten Zusammenhang zwischen Armut und Wohnen: Einerseits auf der Ausgabenseite. Andererseits ist ein Großteil des Wohnungsmarktes für ärmere Haushalte und für

Haushalte, die von Transferleistungen leben und sich an die Bemessungsgrenzen für Unterkunft halten müssen, in vielen Städten quasi geschlossen.

Was für Folgen haben die Mietbelastungen?

Verschuldungsprozesse durch Mietrückstände, die dann zu einer Zwangsräumung führen; sehr hohe Kompensationsanstrengungen durch Einsparungen in anderen Lebensbereichen. Wir sprechen dann nicht von der Verdrängung vom Ort, sondern von einer ganz massiven Einschränkung des Lebensstandards. Da wird bis hin zum Essen oder an den Energie- oder Heizkosten gespart. Es wird bewusst das Sperren der Heizung oder das Abstellen des Stroms in Kauf genommen, um die Wohnung nicht zu verlieren.

Gibt es eigentlich einen Auslöser für die zugespitzte Wohnsituation in den Großstädten und Universitätsstädten?

Nein. Die Wohnungskrisen in den Großstädten kommen versetzt zum Vorschein. In München diskutiert man seit fast zwanzig Jahren, dass es zu wenig preiswerte Wohnungen gibt. In Leipzig war das bis heute kaum ein Thema.

Gibt es dennoch vergleichbare Momente?

Wir sprechen von einer Wohnungskrise, wenn die Wohnversorgungsquote deutlich unter 100 Prozent fällt. Das heißt, wenn das Verhältnis von Wohnungsangeboten zu nachfragenden Haushalten aus der Balance gerät und es also mehr Haushalte als Wohnungen in der Stadt gibt. Von diesem Zeitpunkt an haben immobilienwirtschaftliche Akteure sehr günstige Marktbedingungen, weil es eine größere Nachfrage als das Angebot gibt und die Preise ansteigen. Zugleich beobachten wir eigentlich in allen Städten, dass der systematische Rückzug aus einer staatlichen Organisation der sozialen Wohnungsbestände eine große Bedeutung hat. Die Anzahl der Sozialwohnungen ist durch das Einstellen, Kürzen von Förderaktivitäten und die Privatisierung des öffentlichen Wohnungsbestandes stark zurückgegangen.

Wann es dann tatsächlich zu einer manifesten Wohnungsnot kommt, das hängt sehr stark ab von der Wohnungsmarktlage und den demografischen Veränderungen: Ist es eine sehr schnell wachsende Bevölkerung in der Stadt, dann beschleunigt das den Prozess. Was wir in allen Städten neben Bevölkerungswachstum und den wohnungspolitischen Einschnitten beobachten, ist eine veränderte Marktstruktur.

Und zwar welche?

Es gibt vermehrt professionelle Immobilienmarktakteure, die aus dem Finanzmarktbereich kommen – Banken oder Pensionsfonds etwa –, die mit ihren Anlagestrategien in den Immobilienmarkt drängen. Diese Akteure entwickeln jedoch andere Bewirtschaftungsstrategien, weil sie eben auch andere Ertragserwartungen haben. Das Ganze wird unter dem Stichwort der Finanzialisierung des Wohnungsmarktes beschrieben.

Und meint genau was?

Wohnraum wird als eine Anlagesphäre entdeckt. Nach der Devise: Wenn ich mein Geld dorthin bringe, ist es sicherer, als wenn ich es in irgendein börsennotiertes Unternehmen oder in Aktien investiere. Die Erwartungen, die Logik von solchen Anlagemodellen unterscheiden sich allerdings von immobilienwirtschaftlichen Berechnungsmethoden.

Nämlich?

Die klassische immobilienwirtschaftliche Kalkulation basiert eigentlich auf einer Substanzwertberechnung. Man sagt, ich haben hier ein gutes Haus, da kann ich über viele Jahre hinweg mit einem guten Mietertrag rechnen und ich muss mich auch darum kümmern, dass ich die Baustruktur in Schuss halte, damit dieser Langfristeffekt wirkt. Diese Langfristperspektive rückt in finanzdominierten Anlagemodellen total in den Hintergrund. Da werden jährlich oder teilweise halb- und vierteljährlich Bilanzwerte errechnet, um wirtschaftlichen Erfolg zu erbringen. Es entsteht ein viel stärkerer Druck auf kurzfristige Bilanzverbesserungen.

Mit welchen Folgen?

Bilanzverbesserungen bekomme ich dann hin, wenn ich Kreditlinien in einem Immobilienbereich schnell verändere; wenn ich über einen kurzen Zeitraum meine Ausgabenstruktur deutlich einschränke. Etwa ein Serviceteam engagiere, das über eine Telefonhotline nur in den Notfällen und ohne Vor-Ort-Präsenz arbeitet. Ich kann Bilanzen ebenso verändern, wenn ich Mietpreisstrukturen durch Mietanpassungen, schnelle Mietsteigerungen in die Höhe treibe. Ich kann Bilanzen schnell verändern, indem ich meine Ausgaben für notwendige Reparaturen und notwendige Instandsetzungsarbeiten kürze. Dieser Wechsel von der *Substanz*orientierung zu einer *Bilanz*orientierung in der Wohnungsbewirtschaftung, der drückt sich wiederum unmittelbar in der Wohnungsversorgungsqualität aus.

Sprich: In diesen beschriebenen Zusammenhängen ist die Frage nach sozialem Wohnraum gar kein Thema?

Nein. Aber das ist auch klar. Seit es in Großstädten in Europa und Deutschland eine kapitalistisch organisierte Wohnungsversorgung gibt, haben wir kein Beispiel dafür, dass es einen von Privaten erstellten preisgünstigen Wohnungsbau gibt. Mit Ausnahme des Werkswohnungsbau. Aber dieser ist seinerzeit entstanden, um möglichst geringe Lohnkosten zu haben, und war zudem mit einer unmittelbaren sozialen Ausbeutungsperspektive verbunden.

Ansonsten gilt die Faustregel: Wenn Wohnungsbau marktwirtschaftliche Investitionen sind, dann ist es die Erwartung der Investoren, mindestens die durchschnittliche Eigenkapitalverzinsung im Vergleich zu anderen Wirtschaftsbereichen, aber auch im Vergleich zu anderen Wohnungsmarktbereichen, zu erzielen. Und wenn ich mich an der mindestens durchschnittlichen Eigenkapitalverzinsung orientiere, dann fällt auf, dass ich die nicht erreichen kann, wenn ich unterdurchschnittliche Mietpreise anbiete. Es gibt bei privaten Investitionen also immer den Drang in die Mitte oder ins obere Preissegment.

Wie gibt es denn dann preiswerte Wohnungen?

Preiswerte Wohnungen gibt es durch Selbsthilfe, genossenschaftlichen Wohnungsbau und wenn der Staat mit Förderprogrammen oder eigenen Wohnungsbauprogrammen interveniert.

Passiert in den Bereichen nichts oder täuscht der Eindruck?

Genossenschaftswohnen für einen sehr hohen Preis macht keinen Sinn. Deshalb stagniert das Genossenschaftssegment auch seit vielen Jahren. Zu den Preisen, zu denen derzeit etwa Baugrundstücke und überhaupt Grundstücke erworben werden, könnte auch eine Genossenschaft keinen preiswerten Wohnungsbau anbieten. Deshalb verzichten sie auch darauf, diese überteuerten Grundstücke zu kaufen. Für den öffentlichen und geförderten Wohnungsbau haben wir in den letzten zwei Dekaden haushälterische Kürzungsorgien und massive Privatisierungen rund um die 2000er-Jahre erlebt. Diese haben dazu geführt, dass sich der regulierbare Wohnungsbestand deutlich reduziert hat. Jetzt stehen wir vor der Situation und brauchen preiswerte Wohnungen. Es gibt aber überhaupt keinen politischen Mut, entsprechende Instrumente dafür einzuführen.

Welche Instrumente meinen Sie?

Sozialer Wohnungsbau funktioniert nicht mit privatwirtschaftlichen Investitionen. Von daher wäre es in meinen Augen völlig paradox, jetzt einen Beitrag von Privaten einzufordern. Es ist die Logik privater Investitionen, möglichst hohe Renditen zu erwirtschaften. Wenn ich diese Logik abschneide, dann agieren sie nicht mehr wie private wirtschaftliche Akteure. Es gibt gute Gründe dafür, über eine Wiedereinführung der Gemeinnützigkeit nachzudenken. Wir brauchen neue Förderprogramme; wir sollten die Kommunen auch finanziell besser ausstatten, um wieder ein eigenes Wohnungsbauprogramm entwickeln zu können. Gut wären ebenso Programme für bestimmte Bevölkerungsgruppen im Sinne einer effektiven Selbsthilfe in der Wohnungsversorgung. Wenn ich das alles aber nicht mache, wird es keine preiswerten Wohnungen geben. Die fehlenden 4,2 Millionen Sozialwohnungen, die preiswerter sind als der Durchschnitt, werden Sie in den meisten Städten nicht finden. Deshalb muss der Staat das eigentlich organisieren.

Mit der Föderalismusreform 2006 wurde festgelegt, dass Länder und Kommunen quasi für soziale Wohnraumversorgung verantwortlich sind und der Bund sich mit seiner Förderung 2019 zurückziehen will. Wenn der Bund sich zurückzieht, viele betroffene Städte und Kommunen hoch verschuldet sind und überhaupt kein

Geld haben, wie kann dann der soziale Wohnungsbau überhaupt angegangen werden?

Angesichts der jährlichen Förderung des sozialen Wohnungsbaus mit 500 Millionen Euro muss man eine größere Bundesverantwortung dauerhaft und langfristig einfordern. In Österreich gibt allein die Stadt Wien jedes Jahr eine Milliarde Euro für den Wohnungsbau aus. Und selbst da gibt es Quartiere, wo die Mieten steigen.

Stichwort Wien: Dort ist es Politik, bezahlbaren Wohnraum für diejenigen bereitzuhalten, die es nicht „so dicke haben". Was könnte man hier von Wien lernen?

Wien ist ein sehr gutes Beispiel für ausgeweiteten öffentlichen Wohnungsbesitz. Etwa 60 Prozent des gesamten Mietwohnungsbestandes in der Gemeinde und in der Stadt Wien sind in der Hand von Genossenschaften oder der Gemeinde. Sprich: Die Mehrheit der Wohnungen ist in einem weitgehend sozial regulierten, geschützten Segment. Das hat wiederum Auswirkungen auf die restlichen 40 Prozent.

Inwiefern?

Na, wenn es einen substanziellen Bestand gibt von sozial vermieteten Wohnungen zu vernünftigen Preisen in guter Qualität, ist es relativ schwer, spekulative Ertragserwartungen bei der Neuvermietung anzusetzen, weil jeder sagen wird: „Ich zahl hier keine zwölf Euro, wenn ich für sechs Euro in einer vergleichbar guten Wohnung bei der Gemeinde wohnen kann." Es gibt Studien, die besagen, dass ab mindestens 25 Prozent des öffentlichen Wohnungsbaus ein sogenannter Dämpfungseffekt im beschriebenen Sinne eintritt. Was wir noch aus dem Wiener Beispiel lernen können, ist, dass ein Gemeindewohnungsbau von solch einer großen Substanz nicht vom Himmel fällt. Das muss politisch gewollt und durchgesetzt werden.

Was klappt dort, was andernorts nicht funktioniert?

Bereits in den 1920er-Jahren wurde in Wien der Gemeindewohnungsbau durchgesetzt. Er war das Ergebnis einer auf Umverteilung angelegten Luxussteuer. Man hat im Prinzip den privaten Wohnungsbesitz vor allen Dingen in teureren Wohnungen mit sehr hohen Steuern belegt und diese Gelder dann genutzt, um den Gemeindewohnungsbau zu etablieren. Das war nicht einfach nur ein Abschöpfen der Reichen. Was passierte, war Folgendes: Werden privaten Geschäftsmenschen hohe Steuern auferlegt, dann ziehen sie sich aus dem entsprechenden Investitionsfeld zurück und suchen nach lukrativeren Möglichkeiten. Kurzum: Der Gemeindewohnungsbau konnte so stark werden, weil es mit Steuerinstrumenten und einer Reihe von Mietschutzinstrumenten gelungen ist, den Wiener Wohnungsmarkt in den 1920er-Jahren für private Investitionen unattraktiv zu machen. Das Aussperren von privaten Investitionen hat die Preise in den Keller fallen lassen, und diese günstige Voraussetzung hat dann die Stadt wiederum genutzt, um in kurzer Zeit eine sehr große Substanz an Gemeindewohnungen zu etablieren. Dies führte durch regelmäßige Förderung in der Folgezeit zu diesem großen Wohnungsbestand.

Könnte man so heute auch noch vorgehen?

Eine Luxuswohnsteuer wird schwer durchsetzbar sein. Aber die Vorstellung, dass man mit wirtschaftlichen Instrumenten Einfluss auf die Verwertbarkeit und Attraktivität von lokalen Wohnungsmärkten legt und sagt, wenn ich will, dass Gemeinnützige, Genossenschaften oder Städte wieder bauen, dann gilt es, vor allem weitere Steigerungen der Grundstückspreise zu verhindern.

Welche Maßnahmen stellen Sie sich dabei vor?

Man könnte etwa die Grunderwerbssteuer sehr stark erhöhen, sodass die schnellen Weiterverkäufe nach der Devise „Ich kaufe ein Grundstück und versuche es im nächsten Jahr zum doppelten Preis weiterzuverkaufen" erschwert werden. All diese Weiterverkäufe bedeuten ja nichts anderes, als dass Ertragserwartungen weitergetragen werden, und der letzte Käufer muss dann diese Ertragserwartung im Grundstück gegen die Mieterinnen und Mieter durchsetzen. Bei einer solchen Preistreiberei entstehen keine preiswerten Wohnungen. Eine Grunderwerbssteuer könnte dies unterbinden. Es ist ebenso sinnvoll, dass man in Gebieten mit einer besonders starken Aufwertungstendenz die Umwandlung in Eigentumswohnungen unter Vorbehalt stellt und damit die Geschäftsidee „Ich kaufe ein Haus, schmeiße die Mieter raus und verkaufe dann die einzelnen Wohnungen zu einem hohen Preis weiter" erschwert oder unmöglich macht. Das an sich ist alles sicher sinnvoll. Doch auf Dauer werden wir für eine soziale Wohnungsversorgung nicht umhin kommen, Fragen der Bodenordnung generell zu diskutieren.

Warum?

Weil es eine kapitalistische Absurdität ist, dass wir in ganz vielen Bereichen immer wieder hören, es dürfe kein leistungsloses Einkommen geben, zugleich aber ein Bereich in unserer Wirtschaft existiert, wo das leistungslose Einkommen zum Prinzip gehört. Konkret gesagt: Nur weil mir dieses oder jenes Stück Boden gehört, kann ich es unter bestimmten Bedingungen zum doppelten, dreifachen, vierfachen Preis weiterverkaufen. Das ist völlig außerhalb der Marktlogik, wonach gesagt wird, hier ist eine Leistung oder du hast hier einen bestimmten Gebrauchswert geschaffen und deshalb darfst du auch einen hohen Tauschwert dafür verlangen. Das ist in der Spekulation mit Grund und Boden weitgehend entzogen. Vielleicht wäre daher auch grundsätzlich zu fragen, warum Grund und Boden überhaupt verkauft werden müssen. Könnte man nicht sagen, der Verkauf von Grundstücken wird eingeschränkt und das Nutzen des Bodens wird über Pacht geregelt? Langfristige Pachtverträge würden diese schnellen, spekulativen Weiterverkäufe deutlich einschränken. Wie mit dem Bodenmarkt umgegangen wird, ist eine Aufgabe, die vor uns steht, aber weder in der aktuell politischen noch in der fachpolitischen Diskussion debattiert wird.

Was sind die Gründe?

In dem Moment, wo gesagt wird, wir haben 80.000 Geflüchtete und brauchen jetzt 40.000 neue Wohnungen in der Stadt, kommt man mit einer Forderung, die Steuer im Bodenrecht zu verändern, nicht sehr weit. Das Thema hätte aber – jenseits aller aktuellen Notwendigkeiten – schon längst angegangen werden können. Die systematische Verdrängung von Langfristperspektiven kennen wir aus vielen anderen politischen Bereichen. Im Wohnungsbereich ist sie besonders fatal, weil wir immer wieder die alten Fehler begehen, versuchen, Marktprozesse zu simulieren, und falsche Anreize geben.

An was denken Sie konkret?

Ein Beispiel: In Deutschland werden pro Jahr ungefähr 17 Milliarden Euro an Wohnkosten über KdU-Leistungen (Kosten der Unterkunft) und über Wohngeld ausgegeben, und wir führen dennoch einen Diskurs darüber, warum die Wohnungsfrage nicht ohne den Markt gelöst werden kann. Dieser angebliche Markt funktioniert offenbar gar nicht, wenn er so hoch subventioniert werden muss. Es fließen also 17 Milliarden öffentliche Gelder Jahr für Jahr. Und trotzdem kann die private Wohnwirtschaft mit ihren Lobbyisten ungehindert postulieren, dass in der Wohnraumfrage kein Weg an Privatisierung und Regulierung über den Markt vorbeiführt.

Gibt es nicht mittlerweile Ansätze für ein Umdenken?

Naja, die Privatisierung im Wohnungsbereich wird schon in vielen Städten als ein Fehler angesehen. Es wird auch versucht, schrittweise die Wohnungsbaugesellschaften oder andere öffentliche Einrichtungen wieder aufzuforsten. Was es jedoch nicht gibt, ist die klare Aussage, wonach die Ökonomie von öffentlichen Unternehmen nicht mit der Ökonomie privater Unternehmen gleichgesetzt werden kann. Es müsste endlich akzeptiert werden, dass es eine notwendige soziale Infrastruktur gibt, für die die öffentliche Hand zuständig ist. Es muss wieder ein Einvernehmen über die Grundidee geben über einen Bereich, der jenseits der Marktlogik organisiert ist. Im gesamten sozialen Versorgungsbereich – und eben auch in der Wohnungsversorgung – gibt es nicht-marktkompatible Grundbedürfnisse, die trotzdem befriedigt werden müssen.

Kann die Mietpreisbremse Abhilfe leisten oder ist sie ein Feigenblatt?

Die Mietpreisbremse hat eine ganze Reihe von Feigenblattfunktionen. Es ist eine relativ unsinnige Antwort auf die diskutierte Wohnungskrise. Wir haben einen Mangel an preiswerten Wohnungen. Alleinerziehende oder Familien mit geringen Einkommen finden keine preiswerten Wohnungen. Als die Einführung der Mietpreisbremse diskutiert wurde, war der

Mangel an preiswerten Wohnungen das zentrale Problem. Die Mietpreisbremse reduziert Neuvermietung auf ein Niveau knapp über dem Mietspiegel. Wir haben allerdings einen riesigen Bedarf an Wohnungen, die deutlich unterhalb des Mietspiegeldurchschnitts liegen müssten, damit wir etwa all jene, die über kein durchschnittliches Einkommen verfügen, angemessen mit Wohnungen versorgen können. Die Bremse ist im Grunde eine Art Mittelschichtsbefriedungsprogramm. Durchschnittliche Einkommen oder höhere Einkommen haben einen relativ guten Vorteil davon, weil sie sich im Zweifel teurere Wohnungen leisten könnten.

Zum Zweiten weisen alle politischen und fachlichen Analysen von großen Städten auf das Problem der Verdrängung hin. Auf das Spekulieren auf höhere Erträge durch Modernisierungsmaßnahmen, durch Modernisierung, durch Eigenbedarfskündigung und wirtschaftliche Strategien, die dann immer nur funktionieren, wenn es gelingt, den Altmieter aus der Wohnung zu drängen. Auch darauf sollte die Mietpreisbremse eine Antwort geben. Die Immobilienlobby hat jedoch sehr gut und effektiv gearbeitet.

Mit welchen Folgen?

Mit der Folge, dass jetzt Ausnahmen in das Gesetz eingeschrieben wurden. Zum Beispiel bei der energetischen Sanierung oder der Wiedervermietung nach einer sehr langen Zeit. Sprich da, wo die Lücke zwischen der Altmiete und der Potenzialmiete sehr groß und es daher besonders attraktiv ist, den Mieterwechsel voranzutreiben. Darüber hinaus sind Eigentumsumwandlungen von der Mietpreisbremse gar nicht erfasst. Die drei größten Gefahren für die Verdrängung sind also ausgenommen. Wir haben demnach ein löchriges Instrument, das auf der falschen Seite des Durchschnitts deckelt. Für die Probleme, die eigentlich diskutiert wurden, hat die Mietpreisbremse keinen Effekt.

Mit Blick auf unser bisheriges Gespräch abschließend gefragt: Ist das Glas eher halb voll oder halb leer?

Wenn die aktuellen sozialen Trends in der Wohnungspolitik und vor allen Dingen in der Wohnungsmarktentwicklung so fortschreiten würden wie in den letzten zehn Jahren, dann wird das halb leere Glas gerade mit viel Schwung ausgeschüttet. Eine Katastrophe. Berlin etwa ist auf dem Weg, zu einer Stadt zu werden, die im Zentrum sehr teuer ist, und wer arm ist, muss am Rand wohnen und schlechte Wohnbedingungen in Kauf nehmen. Das ist die Konsequenz, wenn alles so weitergeht.

Stadt- und Wohnungspolitik wird aber nicht nur von Marktbedingungen bestimmt, sondern auch von politischen Eingriffsmöglichkeiten, von politischen Bewegungen, die diese Eingriffsmöglichkeiten einfordern und durchsetzen. Ich glaube, dass sich inzwischen in den großen Städten tatsächlich ein substanzieller Widerstand von Mieterinnen und Mietern formiert. Aus der Not, keine individuellen Lösungen für ihre Wohnungsfrage mehr zu finden, werden sie das Wohnungsthema politisieren und kollektiv in die politischen Arenen drängen. Dort werden sie nicht nur protestieren und Dinge einfordern, sondern auch gestalten wollen.

Was stimmt Sie noch optimistisch?

Auf der bundespolitischen Ebene ist es kein Tabu mehr, über neue Konzepte des Wohnens nachzudenken. Der Deutsche Mieterbund ist dabei, sich eigene Positionen zum Thema Wiedereinführung der Gemeinnützigkeit zu erarbeiten, sodass auch auf dieser politischen Ebene Bewegung ins Spiel kommt. Langsam setzt sich auch das Wissen durch, wonach wir ohne öffentliche Intervention die Wohnungsfragen nicht regeln können, egal ob für Geflüchtete oder für arme Mieter, für große oder kleine Städte. Wir werden diese öffentliche Intervention brauchen, und diese müssen anders organisiert werden als mit den bisherigen marktkompatiblen Mechanismen. Kurzum: Es gibt die Tendenz, das Wasser auszuschütten, und zugleich wächst der Druck, dass tatsächlich so ein Glas auch wieder gefüllt wird und wir eine stärkere soziale Wohnungsversorgung bekommen.

Dr. Andrej Holm
ist wissenschaftlicher Mitarbeiter am Institut für Sozialwissenschaften, Stadt- und Regionalsoziologie an der Humboldt-Universität zu Berlin. Seine Forschungsschwerpunkte sind Gentrification, Wohnungspolitik im internationalen Vergleich und Europäische Stadtpolitik.

Es braucht einen Aufstand der Männer

Interview mit Sabine Hark

Wenn gegenwärtig von Gleichberechtigung gesprochen wird, geht es zumeist um die vermeintlich immer bessere Integration von Frauen in den Arbeitsmarkt. Ist dies tatsächlich ein so großer Fortschritt, als der er hingestellt wird?

Die steigende Erwerbstätigkeit von Frauen ist aus meiner Sicht zunächst eine Notwendigkeit der kapitalistischen Reproduktion. Das Alleinverdiener- und Alleinernährermodell hatte ohnehin nur in der berühmten sogenannten „goldenen Phase" des Kapitalismus – den Nachkriegsjahrzehnten bis zur Ölkrise Anfang der 1970er-Jahre – Gültigkeit. Es hat davor nicht funktioniert und funktioniert jetzt auch nicht mehr. Fakt aber ist: Frauen sind auch gegenwärtig nur in Maßen in Erwerbsarbeit integriert. Das kann man als Gleichstellungsfortschritt verkaufen. Vielleicht ist es auch ein Problem feministischer Politik der letzten Jahrzehnte gewesen, sich zu stark darauf zu fokussieren, dass der Weg der Emanzipation über die ökonomische Selbstständigkeit geht. Dies ist natürlich immer noch in vielerlei Hinsicht auch richtig. Dass feministische Politik damit aber auch in bestimmte Dynamiken kapitalistischer Transformation eingebunden worden ist, haben nicht nur wir als Geschlechterforscherinnen vielleicht zu spät oder zu wenig gesehen. Ich erinnere mich noch gut, dass Ilona Ostner, die große Wohlfahrtsforscherin, schon in den 1980er-Jahren gesagt hat, der sicherste

Weg für Frauen, im Alter nicht arm zu sein, sei, richtig zu heiraten. Sie meinte das natürlich nicht so ganz ernst. Aber wir fanden das damals – ich war noch Studentin – sehr irritierend. Ostner war gegenüber der ökonomischen Selbstständigkeit zur Vermeidung von Armut immer schon skeptisch. Letztlich hat sie recht behalten. Die Integration von Frauen in den Erwerbsarbeitsmarkt ist eine in Teilzeit, in sozialversicherungspflichtig prekäre Positionen und eben nicht in die immer noch relativ abgesicherte Vollzeiterwerbstätigkeit. So viele sozialversicherungsmäßig voll abgesicherte Erwerbsarbeitsverhältnisse gibt es nicht, als dass diese egalitär zwischen Männern und Frauen geteilt werden könnten. Es geht eben auch um Verteilungskämpfe; diese finden nun nicht mehr nur zwischen Männern statt, sondern auch zwischen Männern und Frauen.

Warum ist die Gleichberechtigung der Geschlechter in Deutschland noch nicht erreicht?

Es gibt verschiedene Berechnungen, die Folgendes besagen: Wenn es in dem Tempo weitergeht wie bisher, dann wird es eine vollständige rechtliche Gleichstellung im übernächsten Jahrhundert geben. Demnach haben wir also noch einen langen Weg vor uns, um allein auf juristischer Ebene von der Gleichstellung der Geschlechter sprechen zu können.

Wie kommt das?

Nehmen wir die Diskussionen um das Sexualstrafrecht nach der Silvesternacht in Köln. Feministinnen, feministische Juristinnen weisen seit Jahrzehnten auf bestehende Schutzlücken im Sexualstrafrecht hin. Die Forderung „Ein Nein heißt ein Nein" ist politisch das erste Mal 1977 formuliert worden. Das ist jetzt also vierzig Jahre her. Dies ist im Sexualstrafrecht jedoch immer noch nicht vollständig abgebildet. Es gibt offenbar beharrliche

Kräfte, die diese Themen auf unterschiedlichen Ebenen und auch aus unterschiedlichen Motivlagen verschleppen.

Was gibt es da zu verschleppen? Wer könnte daran ein Interesse haben?

Zu sagen: Hier muss sich etwas ändern, würde ja das Eingeständnis voraussetzen, dass es Defizite, dass es Probleme gibt, dass Gewalt leider Teil des Geschlechterverhältnisses ist. Diese Einsicht ist bei Männern, aber auch bei vielen Frauen, jedoch noch nicht angekommen.

Woran liegt das?

Pierre Bourdieu würde sagen: Es liegt daran, dass auch wir eine Gesellschaft sind, die von männlicher Herrschaft geprägt ist. Und das ist nicht nur in der Weise manifest, wie das Geschlechterverhältnis institutionalisiert ist, also in geschlechtlicher Arbeitsteilung, in der ungleichen Verteilung von Sorgearbeit usw., sondern natürlich auch in der Art und Weise, wie Männer und Frauen sozialisiert, wie sie subjektiviert sind.

Das heißt?

„Männlichkeit" bedeutet nach wie vor eine Sozialisation in Dominanz. Das weibliche Geschlecht ist dagegen jenes, das in Unterwerfung eingeübt wird und aufwächst. Diese Struktur ist tatsächlich immer noch sehr manifest. Wir haben es, machen wir uns da nichts vor, weiterhin mit einem deutlich asymmetrischen und auch von Dominanz- und Gewaltstrukturen geprägten Geschlechterverhältnis zu tun. Das zu erkennen, wird durch die skizzierte Subjektivierung strukturell erschwert. Und dann hat es natürlich auch ganz handfest damit zu tun, dass wir letztlich über Umverteilung, über Privilegienverlust sprechen.

Männer fürchten die Abgabe von Einfluss und Macht, diese Motive sind tatsächlich immer noch virulent?

Ja. Wir haben in den letzten Jahren einen Diskurs um Gleichstellung gehabt, der versucht hat, uns vorzumachen, dass die Gleichberechtigung von Männern und Frauen quasi zum Nulltarif zu haben ist; dass es eine reine Win-win-Situation ist für alle Beteiligten. Dies ist natürlich mitnichten der Fall! Wie in jedem Verteilungskonflikt ist auch der Verteilungskonflikt zwischen Männern und Frauen einer, bei dem nicht alle gewinnen können. Männer werden auch verlieren. Und damit kommen wir natürlich ganz rasch und entschieden in Macht- und Ressourcenkonflikte. Dabei geht es natürlich auch um Wahrung von Besitzständen.

Warum aber sollte jemand etwas gegen rechtliche Regelungen haben, wenn es dabei um Schutz von Frauen vor Gewalt geht?

Auch hier: Wir erkennen zwar in Maßen an, dass es Missstände gibt. Solange wir dies jedoch nicht strafrechtlich regulieren, kann so getan werden, als würden sie nicht existieren. Wie lange etwa hat es gedauert, bis sexualisierter Missbrauch an Schutzbefohlenen, an Minderjährigen, an Kindern ein Thema geworden ist?

Wir finden immer wieder den Mechanismus, Gewaltverhältnisse nicht anerkennen zu wollen. Dabei ist es längst an der Zeit, anzuerkennen, dass im Verhältnis der Geschlechter, im Verhältnis zwischen Erwachsenen und Kindern sexualisierte Gewaltverhältnisse existieren. Sicher, es gibt auch andere Formen von Gewalt. Aber es besteht eine deutliche Verschränkung. Es ist fatal, dass sich die Gesellschaft dieser Tatsache immer noch zu wenig bewusst ist.

Was wäre für Sie ein wichtiger Ansatzpunkt, um dieses „Ausblenden", dieses „Unter-der-Decke-Halten" aufzubrechen?

Ich glaube, dass es tatsächlich einen erkennbaren Aufstand der Männer bräuchte. Ich habe etwa nach Köln gefragt, warum es nicht endlich einen Aufschrei, einen Aufstand von Männern gegen sexualisierte Gewalt gibt? Stattdessen hatten sich ja vor allem jene Männer öffentlichkeitswirksam positioniert, die tendenziell fremdenfeindlich bis rassistisch argumentierten. Aber im Sinne von „sexualisierte Gewalt ist eigentlich ein Problem von uns Männern" habe ich kaum männliche Stimmen vernehmen können.

Das Ganze ist ja eigentlich ein Täterproblem, und Täter sind – nicht ausschließlich, aber zumeist – nun mal Männer. Von daher müsste von ihnen der Widerstand gegen sexualisierte Gewalt kommen. Mir berichtete ein Sozialarbeiter, dass ihn genau diese Frage umtrieb. Er hat deshalb unter der Überschrift „Männer positionieren sich gegen sexualisierte Gewalt" einen Online-Aufruf gestartet. Inzwischen ist er ganz verzweifelt, weil kaum ein Mann unterschreibt. Das kennen wir auch aus den Diskussionen um Prostitution. Global gesehen immerhin einer der umsatzträchtigsten Märkte: Prostitution, Menschenhandel, sexualisierter Menschenhandel. Angeblich gibt es aber keine Männer, die davon Gebrauch machen. Was ja offensichtlich nicht stimmen kann. Es bräuchte auch hier eine erkennbare Mobilisierung von Männern, die sich kritisch dazu ins Verhältnis setzen und nicht nur immer sagen: „Ich tue es nicht! Das machen nur ein paar andere."

Im Nachgang zur Kölner Silvesternacht gab es Männer, die empört waren über die sexuelle Gewalt. Kam diese Empörung vor allem deshalb zum Ausdruck, um „Härte" gegenüber Geflüchteten und Migranten zu formulieren? Oder ist das zu böswillig unterstellt?

Ich denke, bei manchen Äußerungen lässt sich dies, wie schon gesagt, durchaus unterstellen. Interessant fand ich aber etwas anderes ...

... und zwar was?

Ich fand es schon erstaunlich – so wichtig und richtig es gewesen ist –, dass Frauen die Übergriffe angezeigt und öffentlich gemacht haben. Und dies in einer Gesellschaft, die Frauen permanent vermittelt: „Na ja, wenn es dir passiert – Pech gehabt." Nur zur Erinnerung: Es ist, wenn ich recht erinnere, erst zwei Jahre her, dass ein Staatsanwalt sinngemäß sagte, würde seine eigene Tochter vergewaltigt, würde er ihr nicht raten, es zur Anzeige zu bringen, um sich nicht jener Tortur der Ermittlungsbehörden in einem solchen Verfahren auszusetzen, in der den Frauen oft nicht geglaubt wird.

Ist das tatsächlich so?

Alle Anwältinnen, die ich kenne, berichten unisono, dass auch heute noch Frauen oft nicht geglaubt wird. Nun haben sich also zahlreiche Frauen getraut, Anzeige zu erstatten. Aber hat dies vielleicht auch damit zu tun, dass sie sich legitimierter fühlten, es zu tun, weil es – vermeintlich – Migranten, Flüchtlinge, Asylbewerber waren?

Wurde ihnen sogar eher geglaubt, weil es Migranten waren?

Ja, womöglich. Und hier sind wir bei jenen ganz subtilen Mechanismen, die zeigen, wie Sexismen und Rassismen ineinandergreifen. Zugleich wurden im öffentlichen Diskurs die verweichlichten deutschen Männer verhandelt, die ihren Frauen nicht beigestanden haben. Jenseits dieser etwas eigenwilligen Sichtweise bleibt dennoch die Frage offen: Haben sie zugeguckt und selber gar nicht erkannt oder sehen wollen, dass das eine Form von Übergriff war, weil sie es im Rahmen von ausgelassenen Festivitäten wie zu Silvester oder Fasching als normalisierten Umgang zwischen den Geschlechtern verstehen? Wenn mir 18-, 19-Jährige von ihren vielfältigen Schutztaktiken berichten, bevor sie in Berlin nachts ausgehen, dann stimmt etwas nicht: Niemals das Glas aus den Augen lassen ... Niemals die Bierflasche offen stehen lassen, immer den Finger in der Bierflasche haben ... Immer mit Freundinnen in Blickkontakt bleiben. Offenbar spricht manches dafür, dass in bestimmten Lebensaltern ein Umgang zwischen den Geschlechtern als normal gilt, wonach Übergriffigkeit seitens des einen Geschlechts gegenüber dem anderen der Regelfall ist.

Interessant in der Nach-Karnevals-Berichterstattung: Es gab ähnlich viele Übergriffe wie in der Silvesternacht, jedoch kaum wahrnehmbare Empörung. Sexualisierte Gewalt oder Belästigung ist immer verwerflich, egal wer es macht. Da könnte man fast schon wieder unterstellen, dass es Silvester „der Nordafrikaner" oder „der Geflüchtete" war, der es nicht anders kennt, oder?

Ja, genau. Wenn man so will, werden zwei Fliegen mit einer Klappe geschlagen. Man spricht über das Thema sexualisierte Gewalt, ohne es in Gänze anerkennen zu müssen, weil es mithilfe von rassistischen Mechanismen quasi eingehegt werden kann. Man spricht darüber, dass es in Nordafrika ein irgendwie geartetes Patriarchat gibt und dass die Männer von dort ein Problem damit haben, Frauen als gleichwertig anzuerkennen. Da dies vermeintlich bei uns nicht mehr der Fall ist, haben wir diese Probleme auch nicht. Kurzum: Über eine Politik der Ausgrenzung gegenüber migrierten, geflohenen Menschen kommt eine partielle Anerkennung des Problems sexualisierter Gewalt zum Ausdruck, die aber nichts mit unserer Lebenswirklichkeit zu tun hat.

Sie sagten an anderer Stelle, dass die Mobilisierung von Gender und einer Vorstellung von Frauenemanzipation durch nationalistische und fremdenfeindliche Parteien sowie durch konservative Regierungen einer der wichtigsten Aspekte zur Kennzeichnung der gegenwärtigen politischen Lage sei. Zweifellos eine gefährliche Entwicklung für das demokratische Miteinander, oder?

In der Tat. Beobachten kann man das aber weltweit schon lange. Der Afghanistan-Krieg etwa ist geführt worden als ein Krieg *auch* im Zeichen des Feminismus. Die afghanischen Frauen sollten vor den Taliban gerettet und von der Burka befreit werden. In den Kolonialkriegen finden wir den Topos, wonach die Frauen immer vor dem schwarzen Mann gerettet werden müssen. Dieser Topos ist historisch zwar ganz alt, aber gerade deshalb immer noch so präsent und schnell aktivierbar; und nun mit einer zusätzlichen Stoßrichtung: Jetzt haben wir die Situation, dass weiße Männer weiße Frauen vor dem braunen Mann retten müssen, weil der braune Mann zu uns gekommen ist. In der feministischen Theorie zum Beispiel spricht man von Femo-Nationalismus, also der Indienstnahme von – vermeintlich – feministischen Positionen für die Rechtfertigung von kolonialistischen, rassistischen Ausgrenzungspolitiken.

Mit Blick auf den gegenwärtigen europäischen Rechtspopulismus, der ja leider auch in Deutschland mächtig Auftrieb erlebt, erleben wir zwei verschiedene Varianten. Wir haben die Kämpfe gegen sexuelle Vielfalt und gegen alles, was der vermeintliche „Gender-Wahn" ist. Gleichzeitig vernehmen wir entleerte, entkernte Gleichstellungsrhetoriken und -politiken, die sehr stark fremdenfeindlich, rassistisch codiert sind. Das geht beides erstaunlich gut zusammen.

Warum geht das so gut zusammen?

Weil es beides Ausgrenzungspolitiken sind. Die Politiken gegen sexuelle Vielfalt, gegen die Öffnung der Ehe, gegen geschlechtliche Vielfalt sind Ausgrenzungspolitiken, weil sie auf die Re-Stabilisierung der heteronormativ organisierten Kleinfamilie als der Kernzelle von Gesellschaft zielen. Die andere Linie ist: Es soll eben *nicht nur* die heteronormative Kernfamilie sein, *sondern* die soll natürlich auch national und weiß sein. Es sind zwei Ausgrenzungslinien, die für die moderne Gesellschaft konstitutiv sind.

Frauen werden in vielen Dingen wie eine Minderheit behandelt, obwohl sie statistisch gesehen die Mehrheit der Bevölkerung bilden. Glauben Sie, dass sich durch die Aufmerksamkeit nach der Kölner Silvesternacht ein sensiblerer Diskurs mit Blick auf Gleichberechtigung, mit Blick auf sexualisierte Gewalt in den eigenen vier Wänden entwickeln konnte, der auch nachhaltig wirkt?

Mit Sicherheit wird es im Sexualstrafrecht zu Reformen kommen. Das ist nicht mehr zu verhindern. Worüber jedoch von Beginn an nicht geredet wurde, ist die katastrophal schlechte Ausstattung der Beratungsstellen; die katastrophal schlechte Finanzierung der Notrufe, der Frauenhäuser, der Beratungsstellen gegen Gewalt sowohl für Frauen als auch für Kinder. Also jene Hilfestruktur, die notwendig, aber nicht ausreichend vorhanden ist. Darüber gibt es kaum eine politische Debatte. Es ist auch, soweit mir bekannt, seitens der Bundesregierung nicht geplant, diese Missstände zu beheben.

Kurzum: Ich bin optimistisch, dass wir ein wirkungsvolleres Sexualstrafrecht bekommen werden. Weniger optimistisch bin ich mit Blick auf eine verbesserte Finanzierung und Ausstattung der Infrastruktur, die sich mit diesem gesellschaftlichen Problem beschäftigt. Geradezu pessimistisch bin ich mit Blick auf einen gesellschaftlichen Wandel, der sexualisierte Gewalt ernst nimmt und entsprechende Konsequenzen einfordert.

Warum sind Sie da so pessimistisch?

Als die Fälle von sexuellem Missbrauch in der Kirche, in der Odenwaldschule und anderen schulischen Institutionen ans Licht der Öffentlichkeit kamen, dachte ich: Jetzt kann sich diese Gesellschaft dem Problemkomplex eigentlich nicht mehr entziehen. Wenn es deutlich ist, dass nicht mehr von Einzelfällen gesprochen werden kann, sondern dass es systematisch in den Institutionen stattfindet, denen Eltern ihre Kinder für Bildung und Erziehung anvertrauen, dann muss es viel stärker ein Thema werden. Letztlich aber ist zu wenig passiert. Die angesprochenen Beharrungskräfte sind auch hier immer noch groß.

Die rassistischen Grundierungen, von denen Sie schon sprachen: Glauben Sie, dass das erst der Anfang ist? Wenn ja, was müsste getan werden, um dem Einhalt zu gebieten?

Ich fürchte, wir stehen hier tatsächlich erst am Anfang. Dramatisch zugespitzt gesprochen, könnte man schon sagen, dass wir uns mitten in einem Kampf um eine neue Hegemonie befinden, und diese kann eine rechte werden. Um dem Einhalt zu gebieten, wäre es richtig und wichtig, dass all jene, die eine demokratische Haltung haben, die für eine offene Gesellschaft einstehen, dies deutlicher zum Ausdruck bringen und den gesellschaftspolitischen Kampf mit den Gegnern der Demokratie, der offenen Gesellschaft aufnehmen. Dazu muss man sich sehr viel stärker über neue Allianzbildungen zwischen politischen und gesellschaftlichen Kräften unterhalten. Seien es Bündnisse etwa zwischen Parteien, den Gewerkschaften, mit progressiveren Teilen zumindest der evangelischen Kirchen und sozialen Bewegungen. Es muss ein deutliches Nein zu Rassismus, zu

Trans- und Homophobie und zu sexistischer Gewalt geben. Das muss von viel mehr demokratischen Kräften kundgetan werden.

Oftmals wird ja auf die sogenannte Zivilgesellschaft geschaut. Glauben Sie tatsächlich, dass von dort Impulse zu erwarten sind?

Ich glaube, dass die Zivilgesellschaft zumindest in Teilen da deutlich weiter ist als die offizielle Politik – und ich sage das auch im Wissen um den rechtspopulistischen Aufschwung, den wir derzeit erleben. Wo die offizielle Politik in praxi vor allem mit Ausgrenzung, mit Entrechtung und zunehmender Prekarisierung operiert, operiert die Zivilgesellschaft in großen Teilen nach wie vor und sehr deutlich mit Unterstützung, mit immer neuen Ideen, wie ein neues gesellschaftliches Miteinander hergestellt werden kann. Ich selber bin Teil einer Initiative, die sich „Wir machen das" nennt – in deutlicher Absetzung von „Wir schaffen das". In dieser Kampagne geht es unter anderem darum, Initiativen vor Ort, die unterschiedlichsten Dinge sichtbarer zu machen und miteinander in Kontakt und in Verbindung zu bringen. Da gibt es wirklich die tollsten Sachen, und nicht nur auf der Ebene von: Wir geben euch Essen und Kleider – diese typische paternalistische Hilfe –, sondern wirklich an dem orientiert: Wir wollen ein neues gesellschaftliches Zusammenleben organisieren. Dafür muss man im Moment einstehen! Dafür muss man kämpfen.

Dr. Sabine Hark
ist Soziologin und Professorin für Geschlechterforschung an der TU Berlin. Sie bloggt unter blog.feministische-studien.de.

Demokratie in Gefahr?
Populismus und seine Folgen

Interview mit Werner A. Perger

Herr Perger, brauchen wir Populismus?

Das ist eine Frage, die sich angesichts des gegenwärtigen Zustands unserer Demokratien zwar aufdrängt. Sie verstellt gleichzeitig aber den Blick darauf, dass der Populismus heute eine politische Realität ist, ganz unabhängig davon, ob wir ihn „brauchen" oder ob wir uns mehr Populismus wünschten. Er ist als Stil- und Kampfmittel der politischen Kommunikation und der Werbung um Zustimmung und Wählerstimmen sowieso vorhanden, wie uns ein Blick auf die europäische Parteienlandschaft zeigt, egal, ob wir das so gewollt haben oder nicht. Das gilt konkret bei uns für die anfangs etwas kuriose, inzwischen aber zum politischen Faktor gewordene rechtsradikale „Alternative für Deutschland" (AfD) und genauso für die mit ihr seelenverwandte fremdenfeindliche „Pegida", also die sogenannten „Patriotischen Europäer gegen die Islamisierung des Abendlandes". Beide, als kooperierende Partei beziehungsweise Bewegung, weisen wichtige Merkmale der antidemokratischen rechtspopulistischen Protestparteien auf, vor allem das Element der Ausländerfeindlichkeit. Gerade mit diesem Aggressions- und Ausgrenzungsprofil eignen sie sich als Sammel- und Brutbecken für Rechtsextremisten.

Allenfalls könnte man sagen: Wir brauchen Populismus wie Kopfschmerzen. Die können sehr unangenehm, in krassen Fällen geradezu unerträglich sein, keiner wünscht sie sich. Aber

Kopfschmerzen zeigen uns an, dass irgendwas in unserem Organismus nicht so funktioniert, wie es sollte. Der Schmerz ist ein Signal dafür, dass man etwas tun sollte, mindestens eine Tablette nehmen, um den Schmerz erst mal wenigstens vorübergehend zu beseitigen oder wenigstens zu dämpfen. Besser ist es, der Schmerzursache nachzugehen. Der Populismus, der uns zurzeit beschäftigt und die traditionellen demokratischen Parteien nervös macht, ist zweifellos ein Signal dafür, dass irgendetwas nicht stimmt. Eine Art Alarmzeichen!

An der Stelle sollten wir uns darüber klar sein, welche Art von Populismus wir meinen, wenn wir ihn in diesem Sinne als politisches Warnsignal verstehen und nicht als Heilmittel. Populismus, wie wir ihn heute erleben, ist negativ besetzt. Jemanden einen Populisten zu nennen und eine politische Position als „populistisch" zu kritisieren, ist nicht freundlich gemeint, es ist ein Vorwurf oder gar eine Beschimpfung. Damit wird unterstellt, der so Qualifizierte sei ein Opportunist, Demagoge, Volksverführer. In der Regel präsentiert sich deshalb auch kein „Populist" selbst als solcher. Keiner erklärt: „Ich bin ein Populist." Eher kritisieren Populisten wie der Niederländer Geert Wilders, die Französin Marine Le Pen, der Österreicher H.C. Strache oder die Sprecher der deutschen AfD die Regierenden ihrer Länder ihrerseits als „populistisch", nach der Methode „Haltet den Dieb!".

Vom Populismus als Krisensymptom und als Herausforderung für die Demokratie ist der Populismus als Strategie einer offensiven demokratischen Kommunikation mit den Bürgern beziehungsweise der Wählerschaft zu unterscheiden. Darauf bezogen ist die Frage, ob wir das „brauchen", durchaus legitim. Führende demokratische Politiker haben das daher auch schon empfohlen, unter dem Stichwort „Wir müssen populistischer sein". Gemeint ist damit eine größere Volksnähe nach dem Muster „Verachtet mir den Stammtisch nicht". Salopp spricht man auch davon, man müsse „dem Volks aufs Maul schauen".

Und damit befinden wir uns auch schon in der Grauzone zwischen dem, was amerikanische Politologen „good populism" nennen, und dem Populismus der antieuropäischen, ethnozentrischen, postdemokratischen und nationalistischen Rechten und Rechtsextremisten. Es ist die Zone zwischen „aufs Maul schauen" und „nach dem Mund reden". Dazwischen muss man unterscheiden können!

Inwiefern ist, um Menschen noch bei der Politikvermittlung zu erreichen, Populismus ein geeignetes Instrument?

Das ist dieses Konzept des „guten Populismus", das in der amerikanischen demokratischen Tradition verwurzelt ist. Nach europäischen Kriterien sind das die volksnahen Volksvertreter, die sich für die Interessen des Volkes, zum Teil auch gegen die überkommenen Machtstrukturen eingesetzt haben. Die Sozialdemokraten der nachmonarchischen Phase im vergangenen Jahrhundert waren sicher so etwas wie „good populists". Das sind sie heute nicht mehr. Inzwischen sind sie so etabliert, dass sie sich in der Kategorie „guter Populismus" gar nicht wiederfinden. Insofern gilt für sie die Frage, ob sie nicht wieder versuchen müssten – egal, wie sie es nennen –, inhaltlich an die Tradition des guten Populismus anzuknüpfen. Man kann in diesem Zusammenhang auch von einem „Populismus der Aufklärung" sprechen oder von einem „aufgeklärten Populismus". Die Populisten der Aufklärung sprechen für die und mit den Massen, vertreten deren Interessen, ohne dabei sich und die eigene Idee von Demokratie, Rechtsstaat, kultureller Liberalität, sozialer Gerechtigkeit, Chancengleichheit und Solidarität zu verraten. Klassische Sozialdemokratie, könnte man sagen, erweitert vielleicht um Elemente eines bürgerlichen Sozialliberalismus. Um noch einmal das amerikanische Beispiel zu zitieren: Der Barack Obama des amerikanischen Wahljahres 2008 war meines Erachtens ein Repräsentant dieser Idee. Seine Gegner, der rechte Flügel der Republikaner und vor allem die aggressiven Wortführer der Tea Party, sind das genaue Gegenteil und erinnern mich stark an die europäischen Rechtspopulisten. Sie sind Repräsentanten einer gewaltorientierten Hasskultur, in der das Recht des Stärkeren und nicht die Regeln des Rechtsstaats gelten. Mit parlamentarischer Konsensdemokratie, wie wir sie kennen, hat deren destruktive Version von Populismus nichts zu tun. Dass sie damit teilweise erfolgreich sind, ist eine andere Geschichte.

Wann wird Populismus gefährlich für die Demokratie?

Wir sind gegenwärtig in einer Phase, in der sich sehr viel im Zusammenspiel der Akteure aus Wirtschaft, Zivilgesellschaft und den Regierungen verändert. Spätestens seit den Wirtschaftskrisen zu Anfang unseres Jahrhunderts, aber auch schon vorher mit der beginnenden Globalisierung, ist das für uns spürbar. Es gibt eine gewisse Unruhe, die zu einer Verunsicherung innerhalb unserer modernen demokratischen Gesellschaft geführt hat. Diese Unsicherheit produziert Ungeduld und Unzufriedenheit, vor allem auch Zweifel an der Leistungsfähigkeit der Demokratie. Die strukturell bedingte Langsamkeit der Demokratie im Vergleich zu autoritär verfassten Systemen fördert die Entfremdung der Bürger von unseren demokratischen Institutionen und deren Repräsentanten. Die Enttäuschten, die sich oft auch betrogen fühlen, fordern daher Veränderungen, mehr Effizienz, und das heißt häufig eben auch: straffere Führung, stärkere „Führer", mehr Entschlossenheit und Machtworte, wie sie nicht gerade demokratietypisch sind. Wir treten nach dem demokratischen Jahrhundert in eine Phase ein, für den die Politikwissenschaft den Begriff der „democracy fatigue" verwendet. Gemeint ist damit eine Art Übermüdung und ein wachsendes Desinteresse an der Demokratie.

Und insofern befinden wir uns in einem Transformationsprozess, in dem die parlamentarische, repräsentative Demokratie, wie wir sie kennen, infrage gestellt wird.

Woran ist diese Übermüdung zu erkennen?

Kennzeichen dafür sind etwa die Verbitterung über nicht gehaltene Versprechen; die Unzufriedenheit angesichts der Tatsache, dass die verheißene Entwicklung, wonach es „unseren Kindern immer besser gehen werde", nicht mehr gilt. Insbesondere die jungen Menschen merken, sie können nicht mehr wie früher auf etwas aufbauen, was die Eltern erreicht haben und sie haben keine Garantie, dass es ihnen besser gehen wird als ihren Eltern. Im Gegenteil. Das Phänomen des vom Arbeitsmarkt ausgeschlossenen und nach Hause zurückkehrenden jungen Menschen zwischen 30 und 40 ist ein Zeichen dafür. Es ist eine relativ bedrohliche Situation.

Und in dieser Situation finden sich mit den Rechtspopulisten nun Agenten, die versuchen, aus dieser Unzufriedenheit mit der Demokratie politisches Kapital zu schlagen. Sie tragen gar nicht dazu bei, die Probleme zu bewältigen. Ihr politisches Interesse liegt darin, die Probleme zu verschärfen. Sie sagen: Unser Volk zuerst. Dabei definieren sie Volk nach Blut und Boden, nach Herkunft. Und zugleich fordern sie: Alle anderen raus.

Überraschend ist diese Entwicklung aber nicht, oder?

Nein. Diese Art von Populismus oder diese Art von Stimmung ist nicht vom Himmel gefallen, sondern ist ein Ergebnis von den beschriebenen Entwicklungen, an denen auch die angesprochenen „good populists" der Sozialdemokratie beteiligt waren. Es macht sich das Gefühl unter den Menschen breit, wonach die Volksparteien – insbesondere die Sozialdemokraten –

ihnen alles weggenommen haben. Von daher ist die Demokratie offen für den Einbruch der neuen Populisten mit antidemokratischer Stoßrichtung. So wird der Populismus zur Gefahr für die Demokratie.

Wohin führt uns diese Übergangsphase?

Wir wissen nicht, wie das ausgeht. Klar ist: Wenn man nichts dagegen tut, dann wird sich die Situation verschärfen, und einige skeptische Gesellschaftsanalytiker werden dann endgültig in ihrer Vermutung bestätigt werden, wonach in unseren demokratischen Gesellschaften „die autoritäre Option" an Attraktivität und Wahrscheinlichkeit gewinnt und dass im Gefolge von Globalisierung, Finanzspekulationen, Börsenzusammenbrüchen und Korruption die liberale, rechtsstaatliche Demokratie akut in Gefahr gerät. Der große sozialliberale Denker Ralf Dahrendorf vermutete beispielsweise im alten Jahrhundert, in der „Zeit" anno 1997: „Ein Jahrhundert des Autoritarismus ist keineswegs die unwahrscheinlichste Prognose für das 21. Jahrhundert." Und der niederländische Kosmopolit Ian Buruma zog vor einigen Jahren in der „Neuen Zürcher Zeitung" eine Analogie zu den düsteren 1930er-Jahren: Wie damals verschwänden die traditionellen Eliten von der Bühne, Extremisten und Rassisten seien im Anmarsch „und die herkömmlichen Politiker in unseren müde gewordenen parlamentarischen Demokratien wecken kaum mehr Inspiration und Vertrauen". Das ist in meinen Augen heute genau unser Problem.

Sie haben einige Erklärungsmuster für den neuen Populismus beschrieben und verweisen auf Unsicherheiten und soziale wie ökonomische Ängste der Menschen. Wie ist jedoch zu erklären, dass auch in wirtschaftlich stabilen skandinavischen Ländern Rechtspopulismus konstant verankert ist?

Im Prinzip ist der Befund richtig, aber relativieren möchte ich ihn insofern, als auch die skandinavischen Länder im Zuge der Weltwirtschaftskrise in große ökonomische Schwierigkeiten gekommen waren. Es kommt aber noch hinzu, dass ein Kennzeichen der skandinavischen Länder die Homogenität ihrer Bevölkerung war. Jetzt haben sie im Laufe der letzten zwanzig Jahre eine sehr starke Veränderung erfahren durch Flüchtlinge. Sie haben in den Vorstädten – speziell in Stockholm und Malmö – plötzlich eine Banlieue-Erfahrung wie entfernt vergleichbar in Paris.

In Finnland hat man noch das „Spezialproblem", wonach es aus irgendeinem Grund eine besonders starke somalische Einwanderung gibt. Da kommt eine Familie und die Clans kommen hinterher und bleiben im Lande. Die Finnen waren gewohnt, dass alle Flüchtlinge sofort weiterwollten nach Schweden, dem „Amerika" Skandinaviens. Dann entdeckten Einwanderer plötzlich die Vorzüge Finnlands und blieben dort. Zunächst waren die Finnen gar nicht dagegen, geschweige denn feindselig. Aber das änderte sich vor allem mit dem Auftreten der Partei der „Wahren Finnen". Die legen inzwischen einen ethnozentrischen Zahn zu, mit dem niemand so gerechnet hatte. Die „Wahren Finnen" wollen jetzt auch der schwedischen Minderheit im Lande kulturell ans Leder. Das heißt, sie wollen offiziell den Charakter von Schwedisch als zweiter Staatssprache abschaffen. Weitere kulturelle Schikanen sind danach nicht auszuschließen. „Finnland den Finnen." Das hat natürlich im Sinne des postdemokratischen Ethnozentrismus seine Logik und passt ins Gesamtbild des Populismus als Phänomen der Gegenaufklärung und des soziokulturellen Rückfalls in die vordemokratische Zeit. Das ist in Finnland zwar nicht so brisant wie in Frankreich oder Ungarn, zeigt aber auch das wahre Gesicht der ganzen paneuropäischen Strömung. Die Partei der „Wahren Finnen" hat jedenfalls vom europäischen

Kontinent gelernt, dass man mit der rüden Betonung einer angeblich notwendigen völkischen Homogenität Aufmerksamkeit erregen und Stimmen sammeln kann. Sie sind entsprechend erfolgreich.

Und in Schweden?

Die Schweden verfügen seit langem über einen Bodensatz an ressentimentgeladenen rechtsradikalen Rassisten. In Wahlen hat sich das nie deutlich geäußert. Aber es gibt eine rechtsradikale Gewaltkriminalität in Schweden. Es ist kein Zufall, dass in der schwedischen Kriminalliteratur rechtsradikale Gewalt eine ziemlich große Rolle spielt. Das ist aus dem Leben gegriffen. In Deutschland, wo die rechtsradikale Gewaltkriminalität immer noch tabuisiert ist, aber natürlich auch lebt und einen Bodensatz hat, wurde sehr viel an rassistischem Liedgut, an White-Power-Devotionalien und diesem ganzen Humbug aus Schweden importiert. Die völkischen Sektierer in Deutschland sind eng vernetzt mit den schwedischen „Ariern", ideologisch und materiell, von rechtsextremistischer Literatur über Musik bis zur militanten Hardware. Und um das Bild des gar nicht so sauberen Skandinaviens abzurunden, erinnere ich an Norwegen und den Massenmörder Breivik. Dessen Gewaltfantasien und ideologische Hasstexte sind krassestes Anschauungsmaterial dessen, was da unter der kühlen, gelassenen Oberfläche des schönen Nordens alles kocht und brodelt. Breiviks mörderische Aggressivität stand der kalten Grausamkeit der Attentäter von Paris in nichts nach.

Leben wir in Europa also auf einem populistischen Pulverfass?

Ja, absolut. Im Moment sind wir in einem Tunnel unterwegs, ohne genaue Orientierung und mit nur schwacher Hoffnung, bald den Ausgang zu finden. Gelingt uns das nicht, landen wir irgendwann in gar nicht allzu ferner Zukunft in diesen autoritären postdemokratischen Gesellschaftsformen, die es ja in der Realität schon gibt und von einigen Machthabern vorgeführt werden. Der stärkste Hinweis auf diese Dimension des Wandels ist die finanzielle und ideologische Kooperation zwischen Putins neozaristischem Russland und dem französischen Rechtsextremismus der Marine Le Pen.

Vieles hat dazu beigetragen, dass wir in diese demokratiepolitisch prekäre Situation geraten sind. Wir haben darüber gesprochen, dass der Populismus aus der Situation des Wandels und den damit verbundenen Ängsten entspringt und aus einem Überdruss an den Eliten erwächst. Zu diesem Überdruss und vor allem zur öffentlich merkbaren Empörung über die politische Klasse trugen insbesondere die krassen sozialen Ungerechtigkeiten bei, die im Gefolge der Wirtschaftskrise deutlich wurden, ebenso die globale Spekulationskultur des Börsen-Banken-Finanzsystems und die Tatsache, dass das Wohlergehen der Menschen jenseits der Kaufkraft der Menschen als Konsumenten offenkundig keine Rolle mehr spielt. Dasselbe gilt für die weit verbreitete Korruption innerhalb der Eliten der Demokratien. Die haben damit den Kredit einer moralischen Überlegenheit gegenüber den autoritären Regierungsformationen des einstigen Kommunismus und der heutigen postkommunistischen Systeme in Südosteuropa oder Zentralasien längst verspielt. Schließlich spielt eine große Rolle bei dem Ansehensverlust der Demokratien meiner Meinung nach die jetzt allgemein bekannt gewordene Tatsache, dass die luxemburgische Regierung unter Führung des heutigen EU-Ratspräsidenten Jean-Claude Juncker internationalen Unternehmungen und professionellen Anlegern enorme Steuervorteile verschafft habe, um sie zur Niederlassung im luxemburgischen Steuerparadies zu locken. Das luxemburgische Bezirksgericht, das im sogenannten Luxleaks-Prozess die zwei *Whistleblower* – die Aufdecker des Zusammenspiels zwischen Großherzogtum und

Big Business – zu einer Geld- und Haftstrafe verdonnerte, wenn auch zur Bewährung ausgesetzt, wird dem Staatsvertrauen der jüngeren Generationen einen entsprechenden Dämpfer versetzen. So ein Urteil beleidigt das öffentliche Gerechtigkeitsempfinden, das in der Zivilgesellschaft das wichtigste Motiv für demokratisches Engagement ist. Gerade da ist nach allem, was man im Zeitalter der Globalisierung über die Machenschaften der Finanzwelt gelernt hat, die Ansicht weit verbreitet, dass vielmehr der frühere Ministerpräsident und Finanzminister Luxemburgs, also Juncker, auf die Anklagebank gehört hätte, nicht die jungen Bankangestellten, die diese schmutzigen Deals öffentlich gemacht hatten.

Insofern glaube ich, dass der politische Klimawandel in Europa in Richtung der Leute wie Viktor Orbán vorgezeichnet ist. Dieser politische Klimawandel ist so real wie der meteorologische Klimawandel. Es ist wie ein Unwetter nach dem anderen. Und wenn genug Starkregen fällt, dann gibt es einen Erdrutsch. Ich bin nicht verliebt in dieses Bild, aber mir fällt seit einiger Zeit auf, dass dieses Wegbrechen von alten Strukturen, auf die wir uns viel zu sehr verlassen haben, immer häufiger geschieht.

Hätte man diese Art der Fehlentwicklung der Demokratie nicht viel früher verhindern müssen?

Zweifellos. Werfen Sie einen Blick nach Spanien. Korruption und Klientelismus ist aus dem öffentlichen und erst recht aus dem nicht-öffentlichen Leben kaum wegzudenken. In den Kneipen, an den Stammtischen, in den Familien wusste man in der Regel, wer alles korrupt ist. Man redete privat darüber, wie und wieso, also mit wessen Genehmigung, dieses oder jenes Haus im Naturschutzgebiet gebaut werden durfte, wer alles am Bau dieser oder jener Straße verdient hatte und woher der plötzliche Wohlstand von Parteifunktionären oder Provinzbeamten herrührt, ganz zu schweigen von der Frage, wie große nationale und kleine regionale Parteien ihre umfangreichen Mitarbeiterstäbe finanzierten. Man lebte damit, jeder wusste oder argwöhnte etwas, aber nichts geschah.

Das ist inzwischen anders. Korruptionsverfahren stehen plötzlich auf der Tagesordnung. Zeitungen veröffentlichen auch in ihren Lokalteilen Geschichten über anrüchige Merkwürdigkeiten, über die bisher nur getuschelt wurde. Und prominente Politiker, von Lokalgrößen aus entlegenen Provinzen bis zu ehemaligen Mitgliedern der Madrider Zentralregierung, werden angeklagt und sogar verurteilt. Die Öffentlichkeit ist ungeduldig und unduldsam geworden, der ökonomische Absturz Spaniens zeigt Wirkung, das Vertrauen in die Eliten ist praktisch zerstört, das Misstrauen gegenüber der Demokratie wächst. Das hat inzwischen deutliche Folgen. Die Traditionsparteien, die seit Spaniens Rückkehr zur Demokratie die Politik dominiert haben, die konservative Volkspartei (PP) und die sozialdemokratisch orientierte Sozialistische Arbeiterpartei (PSOE), haben ihre beherrschende Stellung eingebüßt. Zwei neue Parteien sind hinzu gekommen und haben die Szene erheblich verändert: die stark links orientierte Protestpartei *Podemos* und die liberal-bürgerliche Reformpartei *Ciudadanos* (Bürger). Sie sind also keine Rechtspopulisten. Aber sie bauten ihre Anfangserfolge bei regionalen Wahlen und im Herbst 2015 bei der gesamtspanischen Parlamentswahl auf ihre betont kritische Haltung gegenüber dem bisherigen politisch-ökonomischen Establishment. Der Veränderungswunsch ist in der Bevölkerung der iberischen Halbinsel, was das alte Parteiensystems angeht, also so groß wie im kontinentalen Europa.

Dass die operative Umstellung vom gewohnten Zwei- auf ein unbekanntes Vierparteiensystem sehr schwer fällt, ist allerdings nicht zu übersehen. Die zwei alten und die zwei neuen Parteien konnten sich nach der Wahl im Dezember 2015, bei der es keine klare Mehrheit gegeben hatte, auf keine Regierungskonstellation einigen. Koalitionen, wie sie in den anderen

Demokratien üblich sind, haben in der konfliktorientierten spanischen Politikkultur noch keinen Platz. Konsens und Kompromiss sind in der jüngsten westeuropäischen Demokratie immer noch ein politisches Entwicklungsprojekt. Inzwischen wurde, zum zweiten Mal innerhalb eines halben Jahres, noch einmal gewählt. Werbung für die Demokratie ist das nicht gerade. In der Bevölkerung war der Wahlgang denn auch keineswegs populär, im Gegenteil. Die Wahlbeteiligung nahm gleich wieder ab und besonders die neuen Parteien wurden für das Versäumnis, dem Land eine vernünftige Regierungsstruktur zu geben, mit spürbaren Stimmverlusten bestraft. Aber auffällig ist immerhin, dass die alte franquistische Rechte, in der nicht wenige sich die Rückkehr zu einem straff geordneten Polizei-und-Militär-System ähnlich dem Franco-Faschismus wünschen, von dieser Phase der Unsicherheit bisher nicht profitiert hat. Weit und breit ist keine spanische Spielart des deutschen Populismusmodells AfD und Pegida zu sehen: *felix Hispania.*

Sind die sogenannten etablierten Parteien, die Volksparteien, mit den beschriebenen populistischen Herausforderungen überfordert?

Mein Eindruck ist, dass die etablierten Parteien – nicht nur in meinem Beispiel Spanien – den Ernst der Lage noch nicht verstanden haben. Im Englischen gibt es dafür den pointierten Begriff „Living in denial". Sie leben schlicht im Modus der Problemverleugnung.

An wen denken Sie konkret?

Ich denke, dass beispielsweise die skandinavische Sozialdemokratie lange Zeit das Problem geleugnet hat. Ich glaube, das gilt auch für die SPD und vergleichbare Sozialdemokratien in Mitteleuropa. In der Phase des Aufbruchs nach dem glitzernden

Modell von Tony Blairs New Labour Mitte der 1990er-Jahre haben die Reformparteien der linken Mitte versäumt, ihre Parteibasis und vor allem ihre Wählerklientel von der Notwendigkeit sozialstaatlicher Veränderungen zu überzeugen beziehungsweise sie darauf vorzubereiten. Das hat ihnen sehr geschadet. Das gilt nicht zuletzt für die SPD. Die SPD ist mit den Sanierungsmaßnahmen der Agenda 2010 sogar ein Schulbeispiel, wie man das Richtige falsch machen kann. Einiges von dem war sicher notwendig. Sicher ist aber auch, dass es keine gute Idee war, dieses Konzept im Volkswagenwerk von dem dortigen Expertenreservoir um den kreativen Manager Peter Hartz quasi autonom erarbeiten zu lassen. Zumindest im Rückblick wissen die Verantwortlichen von damals, dass das ein schwerer Fehler war. Aber haben sie oder ihre Nachfolger daraus gelernt?

Ähnlich ist es mit dem Gesamtkomplex Zuwanderung und Integration: Die Notwendigkeit von Überzeugungsarbeit und von kluger Implementation der Integrationspolitik ist bis heute nicht wirklich verstanden und akzeptiert worden. Die rechten Populisten und Extremisten profitieren davon. Es ist offenkundig, dass die von den Konflikten an Europas Peripherie ausgelöste Flüchtlingskrise besonders in Deutschland Wasser auf die Mühlen dieser politischen Konjunkturritter leitet. Andere rechtspolitische Parteien, besonders in Frankreich, in den Niederlanden, in Dänemark, Ungarn oder Österreich, hatten sich schon vor dem Sommer 2015 im politischen Spektrum ihrer Ländern etabliert und mitregiert, ob als Mitglied in der Regierung oder als stimmungsprägender Faktor von außen. In Deutschland aber sind es vor allem der Konflikt um die Flüchtlingskrise und die ängstlich-opportunistische Anpassung, mit der besonders im konservativen Lager auf die populistische Abgrenzungspropaganda reagiert wird, die Ursache für das Anschwellen des deutsch-völkisch geprägten Meinungsstroms im Lande.

Welche anderen Fehler neben der Verleugnung des Populismus sollte man zudem tunlichst vermeiden?

Im Umgang mit den populistischen Parteien hatte sich ein Grundmuster herausentwickelt, das im Prinzip darauf hinauslief, sie durch *Ignorieren* zu isolieren. Das hat nirgendwo geklappt. Meistens gab es dann einen fließenden Übergang zum *Imitieren* dieser Parteien. Das heißt, man hat begonnen, die Parolen der Populisten zu übernehmen. Dies geschah meist mit der scheinrationalen Begründung: „Die sprechen ja richtige Probleme an." Und: „Wir müssen ins Volk hineinhören." Die Volksparteien auf beiden Seiten versuchen so immer wieder, populistische Themen aufzugreifen. Was ihnen dabei passiert, ist geradezu tragikomisch: Sie verhalten sich genauso wie die Populisten. Aber: Die Populisten tun das viel glaubwürdiger. Die Menschen empfinden das Original als authentischer und bekommen zugleich das Gefühl vermittelt: Es kann ja gar nicht so schlimm sein mit denen. So liefert die Imitation den Populisten eine Art demokratischer Legitimation. Im Ballsport nennt man das Eigentor.

Ist es nicht eine Möglichkeit, die Populisten in die eigenen Reihen zu integrieren?

Die *Integration* ist die dritte gescheiterte Versuchsebene, mit dem Populismus fertig zu werden. Das hat zur Jahrtausendwende in Österreich die konservative Partei ÖVP mit Jörg Haider gemacht, als sie mit dessen FPÖ eine Koalition einging. Der damalige christdemokratische Bundeskanzler Wolfgang Schüssel setzte darauf, dass Haiders Rechtspopulisten das Experiment mangels Regierungsfähigkeit nicht überleben würden und er dann als Sieger über Haider zum demokratischen Helden werden könnte: Diese Rechnung schien aufzugehen. Die FPÖ spaltete sich. Damit schien der Fall fürs Erste erledigt –

und es kam wieder die große Koalition in Österreich, die mit abnehmender Mehrheit immer noch regiert ...

… aber das populistische Reservoir ist ja trotzdem noch vorhanden?

Nicht nur das Reservoir ist noch vorhanden! Das ist irgendwie so, als hätten die rechtspopulistischen Erben Haiders nicht nur diese Krise der Regierungsverantwortung überlebt. Sie treten auf, als seien sie trotz demonstrierter Unfähigkeit zur Verantwortung aus dem Schlamassel mit neuer Kraft hervorgegangen und nun stärker als je zuvor. Sie profitieren indirekt davon, dass sie schon einmal regiert haben. Sie sind insofern staatspolitisch legitimiert. Das Argument, Populisten dürfen nicht in die Regierung, zieht nicht mehr, die Blamage ihres Scheiterns ist ohnehin fast vergessen und die Unzufriedenheit mit den aktuell Regierenden hat größere Wirkung. Die latent und zum Teil offenen Antidemokraten kommen also gestärkt wieder. Und sie kommen mit einem ganz neuen Anspruch, mit neuer Energie. Sie kehren viel wirkungsvoller zurück, als sie vorher waren. Darin liegt die Gefahr der konservativen Integrationsstrategie.

Vergleichbares beobachten wir übrigens seit gut einem Jahrzehnt in den Niederlanden: Die Regierungsbeteiligung der ersten populistischen Partei des ermordeten Parteigründers Pim Fortuyn zerbröselte zwar in wenigen Monaten, doch unter Geert Wilders ist dessen PVV zu einer prägenden Kraft der niederländischen Szene geworden und eine Bestätigung für die These, dass es zum Populismus keine regierende populistische *Partei* braucht: Es genügt, wenn schwache Demokraten sich von starken Populisten einschüchtern lassen.

Was kann man also tun?

Es gibt kein Patentrezept. Zunächst geht es darum, eigenen Ballast abzuwerfen, die eigenen Strukturen zu verändern. Die Traditionsparteien, die sich längst zu Staatsparteien entwickelt haben und eigentlich mit der Bevölkerung an der Basis nur in Ausnahmefällen zu tun haben, müssen sich grundlegend wandeln. Wir haben ja den Begriff der „Kümmerer-Partei". Das ist schon ein bisschen abgegriffen. Aber da, wo das „Kümmern" als Aufgabe so ernst genommen wird wie zu Zeiten des Anfangs der Bewegungen und Parteien, gibt es Erfolge und Zustimmung für klassische demokratische Parteien. Das Rückkoppeln an die sogenannte Basis halte ich für ganz wichtig. Nun sagen alle, mit denen man darüber spricht: „Oh, was wir da schon alles machen!" – kann ja auch sein. Aber flächendeckend oder kulturell wird das zu wenig gemacht. Viel zu häufig wird dieses Feld den Herausforderern der Demokratie überlassen, Parteien wie der NPD, die sich als Heimatschutzverein und politischer Samariterbund kostümiert und damit Erfolg hat. Einer ähnlichen Strategie verdankt auch die österreichische FPÖ ihre starke Stellung, nicht ohne Grund ist sie nicht zuletzt in ehemaligen Hochburgen der Sozialdemokratie besonders erfolgreich. Da ist sie als sozialer Faktor verankert. Dass in Deutschland nicht nur CDU und CSU nervös den Aufstieg der AfD verfolgen sondern längst auch die SPD, wundert mich daher nicht. Die sozial Schwachen haben die größte Zukunftsangst. Und im Kampf um das Vertrauen der sozial Schwachen haben die Sozialdemokraten erheblich an Boden verloren.

Das andere, woran ich dabei denke, klingt ein bisschen nach einer frommen Phrase, ist aber trotzdem ernst gemeint. Die Parteien müssen mit Ehrlichkeit und mit Mut gegenüber den eigenen Leuten auch unpopuläre Maßnahmen durchsetzen oder jedenfalls begründen, warum man etwas machen muss. Einfach nur verwalten und verteilen wird nicht reichen. Die politischen Eliten gehen mit den Menschen viel zu routiniert um, behandeln sie nur als Wähler, nicht als Mitbürger der gemeinsamen Gesellschaft. Generell muss man eine neue Einstellung finden. Das ist zusammen mit der Arbeit an den eigenen Strukturen die einzige Möglichkeit, die man im Moment hat, um dieser klimatischen Veränderung in unserer komplizierten Gegenwart Herr zu werden. Die Demokraten dürfen für ihre Ziele und Werte nicht nur in Spots, Versammlungen und auf Plakaten werben. Sie müssen rausgehen, auf die Straße, in die Problemzonen, da, wo es auch zu Konfrontationen kommen kann, mit der eigenen Klientel und mit den Gegnern. Wer davor zurückschreckt, hat schon verloren. Selbst wenn es pathetisch klingt: Der politische Kampf um die Demokratie wird nicht am Schreibtisch und in Talkshows gewonnen, sondern dort, wo die Hetzer und Hassprediger, aber auch die Wolkenschieber und Allesversprecher schon längst unterwegs sind. Die Demokraten sind spät dran. Insofern bin auch nicht sicher, dass es ein kluger Schachzug der Sozialdemokraten war, der öffentlichen Auseinandersetzung mit der AfD im Wahlkampf aus dem Weg zu gehen. Es gibt gewiss kein Patentrezept für die Auseinandersetzung mit diesem neuen Gegner der demokratischen Parteien, von links bis rechts, dafür, wie man sie stellen sollte und wo man sie besser gezielt isoliert. Aber verzagtes Kopfeinziehen ist mindestens so falsch wie der Versuch, unter dem Motto „die Sorgen der Bürger ernst nehmen" die Antidemokraten an scheinheiliger Bürgernähe zu übertreffen.

Aber einer der Nährböden für Rechtspopulismus oder Populismus ist ja gerade der hohe Glaubwürdigkeitsverlust der etablieren Parteien. Wie sollen diese denn wiederum glaubwürdig Politik auf die von Ihnen beschriebene Weise machen?

Sie werden sich wieder stärker gesellschaftlich organisieren müssen. Sie müssen Netzwerke der Aufklärung schaffen. Es tauchen ja immer wieder politisch begabte Figuren auf, die das sehr gut können, nicht zuletzt in der NGO-Szene. Es geht um eine neue, offene Art der Kooperation und um den Nachweis dafür, dass man auch offen ist für neue Ideen. Im politischen Angebot bei einer Gesellschaft mit hohem Informationsstand ist moderne, kommunikative Kreativität unverzichtbar. Es braucht eine lebendige Mischung von Pragmatismus und Vision. Nur pragmatisch geht nicht. Dieser oft nur scheinbare, aber häufig auch durch Schlamperei entstandene Verlust von Werten erhöht die Unglaubwürdigkeit und vergrößert das ethische Vakuum. In den Jahren der Befreiung von den totalitären Ideologien ist zusammen mit dem wertlosen Ideologieschutt sicherlich zu viel auch an „alten Werten" über Bord geworfen worden, die heute fehlen. Dadurch sind die Traditionsparteien einander ähnlicher geworden, als ihnen gut tut. Ich denke, da ist Zeit zum Nachrüsten. Es gibt viel Platz für Neues, für ein modernisiertes Angebot. Wieso sollte das nicht die SPD können? Die Leute hat sie. Da und dort.

Welche Bedeutung haben die Medien im Umgang mit rechtspopulistischen Parteien und deren Themen, wie sie beispielsweise die AfD anspricht? Inwieweit kommen sie hierbei ihrer aufklärerischen Funktion nach?

Die Medien sind Teil des Problems. Wir sagen jetzt *die* Medien. Das ist eine richtig große Familie geworden. Nicht zuletzt der Online-Medienmarkt führt tendenziell zu einer anderen Art der Kommunikation – auch innerhalb der politischen Klasse. Da setzt sich eine neue Oberflächlichkeit, Übertreibungs- und Zuspitzungskultur durch, die mit dem Qualitätsjournalismus, der die deutsche Presselandschaft lange prägte, immer weniger zu tun hat. Jenseits dessen hat sich auch das Verhältnis, das Verantwortungsgefühl der Medien für den politischen Prozess verändert. Die Skandalberichterstattung hat nach meinem Gefühl zugenommen, und die ernsthafte Beschäftigung mit den sozialen Problemen des Landes und der Gesellschaft nimmt ab. Es gibt nach wie vor ein paar führende Zeitungen, die einigermaßen seriös berichten. Aber auch bei diesen Blättern stelle ich manchmal einen Drang zum Mainstream und zum Unterhaltungsjournalismus fest. Für Berlin wird gerne der Begriff „Rudel-Journalismus" benutzt, wonach alle hinter einem aktuellen Thema herlaufen. Ich finde, diese Beschreibung passt.

Ich spreche zwar als typischer Printmann, aber als Konsument der anderen Medien muss ich auch noch sagen: Der krasse Niveauverfall, der über das Privatfernsehen über uns hereingebrochen ist, trägt natürlich zu der Klimaveränderung in der Politik enorm bei. Bestimmend ist die Angst davor, Einschaltquoten, Clickzahlen und Auflage zu verlieren. Und wenn es stimmt, was einige kluge Leute sagen, dass die heutige Spaltung unserer Gesellschaft nicht mehr die zwischen rechts und links ist, zwischen Schwarz und Weiß sowieso nicht, Norden und Süden auch nicht, auch nicht so sehr zwischen katholisch und evangelisch wie früher, sondern die zwischen den Informierten und den Uninformierten, dann sind wir zurück am Kern des Problems. Wer hilft uns denn, diese Spaltung zu überwinden? Denn was passiert, ist, dass die ernsthafte politische Auseinandersetzung, über die auch in Wahlen abgestimmt wird, nur im informierten Teil der Gesellschaft stattfindet und von Mal zu Mal die Zahl der Uninformierten, die nicht mehr zur Wahl gehen, steigt. Dann kriegen wir genau das Problem, von dem ich die ganze Zeit rede: dass dann nachher die Enttäuschten, Frustrierten, die sich aber nie wirklich interessiert haben, die einen Schuldigen suchen für alles, was ihnen an Unbill widerfährt, sagen: Die Politik ist schuld, die Politiker sind schuld. Die „Lügenpresse" ist schuld. Der nächste Schritt ist dann: Die Demokratie ist schuld.

Mit welcher Konsequenz?

Möglicherweise mit der Sehnsucht nach einem starken Mann wie in Ungarn, das alte Verlangen nach dem starken Führer. Oder der unerschütterlich wirkenden Frau, wie jetzt in Frankreich. Wir kommen da an die Substanzfrage der Demokratie und zu der Eingangsfrage, ob wir uns in einem Zustand des Übergangs befinden. Es passieren ja merkwürdige Dinge in unserer Sphäre der liberalen Demokratien, die lange das politische Gesicht des Westens geprägt haben. Wer die Entwicklung des amerikanischen Präsidentschaftswahlkampfs im Zeichen des demagogischen Clowns Trump einigermaßen aufmerksam verfolgt, kann es schon mit der Angst zu tun bekommen. Nicht zu vergessen die bizarre Schwärmerei der deutschen Rechtsradikalen für Putin, die finanzielle Hilfe, die Frankreichs Rechte aus Russland erfährt, die lügenpolitische Wühlarbeit der russischen Auslandspropaganda gegen das westliche demokratische System, besonders in Deutschland, der Flirt der EU-Konservativen mit dem ungarischen Repräsentaten des neuen osteuropäischen Autoritarismus, Orbán, schließlich das Duckmäusertum der EU-Regierungen gegenüber dem postdemokratischen Provokateur in Ankara, Erdogan: Da kann man schon auf den Gedanken kommen, dass die Demokratie allmählich den politischen Boden unter den Füssen verliert.

Nicht ohne Grund schrieb die konservative US-polnische Kolumnistin Anne Appelbaum Anfang März 2016 in der *Washington Post* (wobei sie nicht zuletzt Trump, aber auch europäische Entwicklungen vor Augen hatte): „Zur Zeit sind wir zwei oder drei schlechte Wahlen *(bad elections)* entfernt vom Ende … der liberalen Weltordnung, wie wir sie kennen". Man könnte auch sagen: vom Ende der liberalen Demokratie, wie wir sie kennen und mögen.

Vor uns liegt also schwieriges Gelände, von dem wir nur eine ungefähre, von düsteren historischen Erfahrungen beeinflusste Ahnung haben. Es ist, als bewegten wir uns in Richtung eines Systems, das dem unseren nur noch äußerlich ähnlich sieht, in dem – wieder – oben von den ganz wenigen bestimmt, nicht unten von den ganz vielen abgestimmt wird, ein System also, das in gewisser Weise effizienter aussehen mag, als unsere Demokratie, die sich häufig selbst im Wege steht. Das Neue muss nicht gleich eine Diktatur sein. Das System, von dem Ralf Dahrendorf vor zwanzig Jahren gewarnt hat, könnte auch wie eine „Diktatur light" daherkommen, mit viel politischem Süßstoff. Man würde es sicherlich immer noch „Demokratie" nennen. Vielleicht auch „populistisch", auch wenn „das Volk" so viel gar nicht zu sagen hätte. Den Begriff „Volksdemokratie" hatten wir ja schon, vor dem Mauerfall, auf der anderen Seite des damaligen Zauns, der Europa schon einmal teilte und an dem auch scharf geschossen wurde, auf Zivilisten. Fazit: Dieses neue System, an dessen Schwelle wir stehen, hätte mit dem, was wir in Westeuropa als soziale, liberale, rechtsstaatliche Demokratie kennen, nichts mehr zu tun.

Das Interview habe ich mit meinem Kollegen Marius Mühlhausen vorbereitet und geführt.

Dr. Werner A. Perger
ist politischer Journalist und ehemaliger Leiter des Politikressorts der Wochenzeitung DIE ZEIT. Sein besonderes Interesse als Autor gilt Fragen der Demokratieentwicklung in Europa und dem politischen Populismus. Zuletzt erschien von ihm der Sammelband „Progressive Perspektiven" (Gespräche u. a. mit Jutta Allmendinger, Daniel Cohn-Bendit, Frank-Walter Steinmeier). Er lebt in Berlin und Spanien.

Das Thema Flüchtlinge ist für Rechtsextreme zentral

Interview mit Bianca Klose

Frau Klose, die Angriffe auf Flüchtlingsunterkünfte haben im vergangenen Jahr stark zugenommen? Was sind die Gründe?

Die Themen Flucht und Asyl sind derzeit in den Medien, Politik und Gesellschaft so präsent wie lange nicht mehr. In die sachliche Diskussion um die steigenden Zahlen von Geflüchteten und deren Unterbringung in Deutschland mischen sich vermehrt auch rassistische Ressentiments und rechtsextreme Positionen. Dazu kommt, dass Flüchtlinge von Politik und Medien oft als bedrohliche Masse dargestellt werden und dass die Menschen, die hier Schutz suchen, nach ihrer Nützlichkeit beurteilt werden.

Flüchtlingsfeindliche Äußerungen von Einzelpersonen, Politikerinnen und Politikern, Parteien oder auch rechtsextremen Organisationen werden plötzlich wieder sagbar. Menschen werden vor laufenden Kameras als „Dreck" oder „Ratten" bezeichnet, während bei Facebook einzelne User quasi öffentlich die Inbetriebnahme von Gaskammern fordern. Unzählige andere Aufrufe zu Mord und Gewalt werden von Facebook nicht einmal als Verstoß gegen die Community-Regeln betrachtet. In so einem Klima ist es nicht überraschend, dass gleichzeitig eine steigende Zahl von rassistischen und rechtsextremen Angriffen auf Menschen und Geflüchtetenunterkünfte zu beobachten ist.

Stimmt es, dass es Teil der Strategie von Rechtsextremen ist, das Thema Flüchtlinge systematisch für ihre Zwecke zu missbrauchen? Wenn ja, wie?

Absolut. Ein zentrales Element rechtsextremer Mobilisierung gegen Geflüchtete ist die Selbstinszenierung als Vertreterin der Interessen der „kleinen Leute" gegen „die da oben". Daher rufen Rechtsextreme auf ihren Aufmärschen derzeit auch häufig „Wir sind das Volk". Dabei wird ein Volkswille konstruiert, der von den demokratischen Parteien und der Zivilgesellschaft vermeintlich missachtet wird. Ihnen wird sogar unterstellt, gegen die Interessen der Bevölkerung zu handeln und mit den Medien unter einer Decke zu stecken. Für die Rechtsextremen ist dieses Thema zentral, weil es ihre Art ist, soziale Missstände zu thematisieren. Wenn es zu wenig Geld für Betreuungsplätze in Kitas gibt, liegt dies in ihren Augen nicht an einer ungerechten Politik, sondern daran, dass den Falschen geholfen wird.

Versuchen Rechtsextreme zusehends, in der Nähe von Flüchtlingsunterkünften potenzielle Gegnerinnen und Gegner dieser Einrichtungen für ihre Zwecke zu gewinnen? Wie geschieht dies?

Die Inszenierung als „Vollstrecker des Volkswillens" oder aber der „Interessen der schweigenden Mehrheit" funktioniert dort am besten, wo ihr am wenigsten widersprochen wird. Verharmlosende und anbiedernde Äußerungen beispielsweise aus Politik und Medien wirken vielfach als Katalysator. Wo hingegen Vereine, lokale Politik, Kirchen und Anwohnende frühzeitig und deutlich Position gegen Rassismus und für Solidarität beziehen, da haben es rechtsextreme Initiativen schwer.

Aber die Strategie der rechtsextremen Szene, die rassistische Mobilisierung gegen Flüchtlinge mittels von ihnen ins Leben gerufener „Bürgerinitiativen" konspirativ zu steuern, hat sich nach einer anfänglichen Dynamik mittlerweile totgelaufen. Sie agieren zunehmend wieder mit offenem Visier. Die taktische Zurückhaltung wurde mittlerweile weitgehend aufgegeben.

Kommt eigentlich nun in Teilen der Bevölkerung gegenüber Fremden etwas zum Ausdruck, das unter der Oberfläche bereits präsent ist, sich aber noch nicht geäußert hat?

Wen oder was wir als „fremd" erleben, hat mehr mit uns und unseren Einflüssen zu tun als mit unserem Gegenüber. Der weiße dänische Krankenpfleger wird manchen Leuten weniger fremd erscheinen als die Physikerin aus Berlin, deren Großeltern aus der Türkei eingewandert sind.

Es geht also um Identität und um Rassismus, und diesen gibt es leider in großen Teilen der deutschen Bevölkerung. Ich glaube auch nicht, dass der sich bislang nicht geäußert hat. Der drastischste Ausdruck sind die über 150 Tote durch rechtsextreme und rassistische Gewalt in den letzten 25 Jahren oder der NSU-Komplex. Aber auch abgesehen von so dramatischen Beispielen wie den Morden des NSU gibt es viele alltägliche Beispiele von Rassismus. Man muss den Betroffenen nur einmal zuhören. Die #schauhin-Kampagne, im Zuge derer viele Menschen ihre Erlebnisse mit Alltagsrassismus in sozialen Netzwerken teilten, kann zum Beispiel ein Zugang sein, um die Perspektive von Betroffenen kennenzulernen.

Was sich derzeit ändert, ist vor allem die große Öffentlichkeit, die solche alltagsrassistischen Einstellungen erhalten, und die Akzeptanz, mit der ihnen im Alltag, in der Politik und in den Medien begegnet wird. Zudem lassen sich nahezu alle politische Parteien und auch Teile der Medien mittlerweile vom Rechtspopulismus vor sich her treiben, vor allem von PEGIDA und der AfD. Statt hier klare Kante zu zeigen, läuft man deren Forderungen hinterher. Wenn dann auch noch Forderungen der Rechtsextremen beispielsweise nach Grenzkontrollen von der Politik erfüllt werden, fühlen sich viele Rassistinnen und Rassisten dadurch noch zusätzlich bestätigt.

Was kann, was sollte gegen diese Entwicklungen getan werden?

Rassistischen Vorurteilen muss entschieden widersprochen werden – auch und vor allem durch Lokalpolitik und Zivilgesellschaft. Erst durch das Aufzeigen von Grenzen wird ein menschenrechtsorientierter Dialog möglich. Zu glauben, dass man mit reiner Sachinformation oder gar mit dem Eingehen auf rechtspopulistische Forderungen und der ständigen Verschärfung des Asylrechts und der Flüchtlingspolitik dem Alltagsrassismus in der Mitte der Gesellschaft beikommen kann, ist ein Irrglaube. Vielmehr sollten diejenigen gestärkt werden, die sich den Neonazis in den Weg stellen oder sich in der Flüchtlingshilfe engagieren. Zu oft werden solche Menschen zum Problem gemacht, dabei sind sie nicht nur „Feuermelder", sondern oft auch „Feuerlöscher", wenn es um rechtsextreme Bestrebungen vor Ort geht.

Haben Rechtsextreme ein zusehends größeres Selbstbewusstsein?

Leider haben sie das. Aber woran liegt das? Im sächsischen Heidenau, wo Rechtsextreme und Anwohnende über mehrere Tage gewalttätig gegen Flüchtlinge auf die Straße gingen, liegt dies schlicht und ergreifend daran, dass man sie machen ließ und „Bilder der Überforderung" produzierte. Die Bürgerinnen und Bürger Heidenaus stellten sich ihnen nicht entgegen und die sächsische Polizei hielt sie nicht auf. Gefährlich sind solche Ereignisse auch in ihrer Signalwirkung. Sie hätten aber auch anders verlaufen könnte. Hätten sich schon am ersten Abend auch nur einige hundert Menschen gefunden, die sich den Rassistinnen und Rassisten entgegenstellen, oder hätte die Polizei konsequent eingegriffen, dann hätten diese pogromähnlichen Ausschreitungen sicher nicht mehrere Tage gedauert. Aber eine gesellschaftliche Situation, wie ich sie vorhin beschrieben habe, in der rassistische Positionen zunehmend akzeptierter werden, wirkt natürlich für Rechtsextreme und ihre Gewalt wie ein Verstärker. Wir sollten nicht vergessen, dass die späteren Mörderinnen und Mörder des NSU Jugendliche waren, die von den rechtsextremen Ausschreitungen zu Beginn der 1990er-Jahre stark geprägt wurden.

Was sollten politisch Verantwortliche tun?

Was wir jetzt brauchen, ist eine Sensibilisierung lokaler Akteure aus Politik, Verwaltung und Polizei für rechtsextreme Aktivitäten sowie rassistische Stimmungen in der Bevölkerung. Nur auf der Grundlage einer realistischen Problembeschreibung vor Ort können dann erfolgreiche lokale Handlungsstrategien entwickelt werden.

Darüber hinaus ist eine eindeutige Positionierung aus Politik und Verwaltung notwendig. „Wir stehen an der Seite der Flüchtlinge!" muss die Botschaft lauten. Dazu gehört auch der Schutz von Engagierten, die freiwillig und unentgeltlich Flüchtlinge unterstützen oder sich Rechtsextremen in den Weg stellen.

Wichtig ist zudem eine deutliche Absage an rassistische Positionen innerhalb der örtlichen Wohnbevölkerung. In der Kommunikation mit den Bürgerinnen und Bürgern muss klar differenziert werden zwischen eventuell berechtigten Anliegen bei der Unterbringung von Geflüchteten – wie zum Beispiel der Frage nach genügend Einkaufsmöglichkeiten und Kitaplätzen für alle Einwohnerinnen und Einwohner eines Kiezes, inklusive der Flüchtlinge – und den „Sorgen und Ängsten", die eigentlich nur Tarnung für rassistische Ressentiments sind. Letztere sollten als solche klar benannt und deutlich zurückgewiesen werden.

Täuscht der Eindruck, wonach zuständige Behörden auf dem rechten Auge oft blind sind?

Ich glaube, das Bild des blinden Auges führt uns nicht weiter. Was uns wohl weiterbringt, ist zu fragen, ob die entsprechenden Behörden ihre Aufgaben richtig definieren und dementsprechend erfüllen. Ist es zum Beispiel die Aufgabe des Verfassungsschutzes, Neonazis als sogenannte Vertrauensmänner zu führen und damit indirekt rechtsextreme und gewalttätige Strukturen zu finanzieren? Ist es die Aufgabe von Bundespolizisten, Fahrgäste zu kontrollieren, deren Hautfarbe ihnen verdächtig vorkommt?

Oder sollte es nicht vielleicht eher Aufgabe der Polizei sein, Hinweisen von Betroffenen auf ein rassistisches Motiv der Tat verpflichtend nachzugehen? Sollten nicht Behörden vielmehr in der Lage sein, allen Menschen unabhängig ihrer Herkunft, ihres sozialen Status oder ihrer Anschauungen gleichermaßen Schutz und Unterstützung zu gewähren? Das sind Fragen, die uns auf den richtigen Weg bringen könnten.

Welche Impulse aus „der" Zivilgesellschaft sind möglich und wären zu stärken? Dies auch und vor allem angesichts wachsender Bedrohungen für jene, die sich für Flüchtlinge und/oder gegen Rechts engagieren?

Es gibt zahlreiche Möglichkeiten für Engagement. In vielen Städten machen die Bürgerinnen und Bürger es gerade vor. Vom Willkommensfest über direkte Hilfs- und Spendenaktionen bis hin zu breiten Protesten gegen rechtsextreme Aufmärsche vor Flüchtlingsunterkünften. Wer etwas tun will, findet schnell Verbündete. Gleichzeitig muss man jedoch auch aufpassen, dass wir den Staat nicht aus der Pflicht nehmen. Es kann nicht sein, dass ehrenamtlich Helfende die Aufgaben übernehmen, die klar in der Verantwortung des Staates liegen.

Inwieweit sind hierbei auch die Wohlfahrtsverbände wie etwa die AWO gefordert?

Die Wohlfahrtsverbände können auf verschiedene Art und Weise Position beziehen. Die Schulungen von Mitarbeitenden, um sie in der Auseinandersetzung mit Rassismus und Rechtsextremismus zu stärken, sind ein wichtiger Beitrag. Auch als Arbeitgeberin kann die AWO ein Zeichen setzen, indem sie ein Arbeitsklima schafft, in dem potenziell Betroffenen Solidarität und Unterstützung zukommt und klargemacht wird: Rassistische Äußerungen und Handlungen sind mit dem, wofür die AWO steht, nicht zu vereinbaren. Auch als gesellschaftlicher Akteur hat die Stimme der AWO Gewicht. Sie kann sich beispielsweise kritisch zu politischen Vorstößen äußern, die das Asylrecht weiter einschränken, sie sollte sich auch zu Wort melden, wenn antifaschistische Proteste und ehrenamtliches Engagement kriminalisiert oder behindert werden.

Als Wohlfahrtsverband ist die AWO darüber hinaus da gefordert, wo Rechtsextreme versuchen, mit Rassismus und Nationalismus soziale Probleme für sich zu nutzen. Indem die AWO soziale Perspektiven stärkt und Menschen ermöglicht, sich demokratisch und solidarisch für ihre Interessen einzusetzen, leistet sie wichtige Arbeit gegen rassistische Propaganda.

Angesichts der vielschichtigen Aufgaben, die die Wohlfahrtspflege im „normalen Tagesgeschäft" zu erledigen hat – Pflegeeinrichtungen, Kitas, Beratungsstellen etc.: Wie kann, wie sollte Rassismus und der Umgang mit Rassismus innerhalb von Organisationen thematisiert werden?

Für einen Umgang mit Rassismus sind verschiedene Faktoren wichtig. Wie vorhin erwähnt, muss man die Betroffenen ernst nehmen. Lacht der entsprechende Kollege zum Beispiel auch über den diskriminierenden Spitznamen, den die anderen ihm gegeben haben und der auf seine Herkunft anspielt? Und wie fühlen sich andere Kolleginnen und Kollegen, wenn sie solche Bezeichnungen hören?

Zu einer erfolgreichen Auseinandersetzung mit Rassismus gehört auch eine Offenheit dafür, das eigene Verhalten und Denken zu überprüfen. An welchen Punkten hat Rassismus darauf Einfluss? Verabschieden wir uns von einer Diskussionskultur, in der man entweder 100 Prozent rassistisch oder 100 Prozent nicht-rassistisch ist. Wir müssen eine Kultur der Auseinandersetzung etablieren, die Rassismus als gesellschaftliches Verhältnis versteht, in dem wir uns bewegen, das uns prägt. Dieses Anerkennen scheint mit eine wichtige Bedingung dafür zu sein, Rassismus abzubauen.

Bianca Klose
ist Geschäftsführerin des Vereins für demokratische Kultur in Berlin e.V.. Im Juli 2001 gründete sie die Mobile Beratung gegen Rechtsextremismus Berlin (MBR), die sie bis heute leitet. Regelmäßig spricht Bianca Klose bei Fachtagungen, Kongressen sowie in Bundes- und Landesausschüssen zu den Kernthemen der MBR. Sie berät und schult Parteien, Verwaltung, Kirchen und Gewerkschaften ebenso, wie engagierte Gruppen und Einzelpersonen. Seit 2015 ist sie Vorsitzende des Bundesverbands mobile Beratung e.V. 2012 wurde Bianca Klose stellvertretend für die Arbeit des Projektes vom Regierenden Bürgermeister Klaus Wowereit für ihr jahrelanges Engagement mit dem Verdienstorden des Landes Berlin ausgezeichnet.

Für eine Vision sozialen Fortschritts

Interview mit Axel Honneth

Herr Prof. Honneth, auf die Frage, wie die Gesellschaft von morgen aussehen könnte, antworteten Sie im Jahr 2000: *"Die schwärzeste Vision ist die einer in den Kernbereichen des hochentwickelten westlichen Kapitalismus tief gespaltene Gesellschaft, die ohne ein Drittel oder die Hälfte der Bevölkerung auszukommen versucht, indem mehr oder weniger erfolgreich mit Mitteln der kulturellen Kompensation und Repression die ausgeschlossenen Sozialgruppen integriert werden."* **Und weiter:** *"Dieser Kern an reichen, aber tief gespaltenen Ländern ist umgeben von einer Peripherie, die von ethnischen Konflikten gekennzeichnet ist und von einer durch Hunger und Ausbeutung gekennzeichneten Barbarei."* **Ich fürchte, Sie liegen in vielen Punkten richtig. Oder ist es doch zu düster mit Blick auf die Gegenwart?**

Tatsächlich würde ich als Befund für die Bundesrepublik unterstreichen, was ich damals gesagt habe. Es gibt eine stärkere gesellschaftliche Spaltung, als wir sie aus den 1980er-Jahren noch kennen. Dies hängt auch und vor allem mit der Liberalisierung des Arbeitsmarktes zusammen; mit Sozialhilfeprogrammen, die sehr negativ abweichen von alten sozialstaatlichen Programmen. Insgesamt hat das zu einer doch tieferen Spaltung geführt, die allerdings im öffentlichen Bewusstsein nicht richtig zum Ausdruck kommt.

Warum ist das so?

Ich denke, es wird vieles – da reicht ein Blick in die Tagespresse – einfach ausgeblendet. Und natürlich wird einiges durch die noch negativeren Kontrastbeispiele verdeckt. Man hat die schlechtere soziale und ökonomische Lage der Menschen etwa in Griechenland, Spanien, Italien vor Augen. In diesen Ländern ist die Arbeitslosigkeit immens hoch. Dagegen ist die Arbeitslosigkeit in Deutschland ja erstaunlich gering. Wenngleich diese Zahlen darunterliegende Realitäten verdecken.

An was denken Sie dabei?

Ich denke vor allem daran, dass auch diejenigen, die Arbeit haben, dieser häufig unter extrem flexibilisierten Bedingungen nachgehen müssen. Sie haben kaum mehr stabile Arbeitsverträge, wenig Aussicht auf konstante Arbeitsverhältnisse über Jahre hinweg oder müssen zwischenzeitlich von Hartz IV leben. Es gibt in bestimmten Segmenten eine Prekarisierung der Arbeit.

Im Grunde genommen ist ja mit der knallharten markt- und wettbewerbsorientierten Politik von Margaret Thatcher in Großbritannien und Ronald Reagan in den Vereinigten Staaten in den 1980er-Jahren – und ein gutes Jahrzehnt später in Deutschland – die Aufkündigung des Wohlfahrtsversprechens einhergegangen.

Das ist richtig. Es gab eine Aufhebung der rechtlichen Verankerung des Wohlfahrtsstaates. Man hat den Wohlfahrtsstaat um seine rechtlichen Zusicherungen gebracht und die Hilfeleistungen konditional gemacht, abhängig gemacht von der Erfüllung bestimmter Bedingungen. Die Rechte auf Wohlfahrt sind inzwischen keine unbedingten Rechte mehr. Alles das, was man komplexe soziale Rechte nannte, ist eigentlich durchlöchert worden. Die Rechtssicherheit auf Wohlfahrt ist genommen worden.

Was ich mit Bezug auf das nationale Umfeld gesagt habe, trifft im Großen und Ganzen wohl zu, vor allem im südosteuropäischen Raum – denken Sie nur an Ungarn – haben die ethnischen Konflikte massiv zugenommen. Diese werden weder von den Regierungen, der Europäischen Kommission oder dem Europäischen Parlament richtig thematisiert und bekämpft.

Kurzum: Ich würde sagen, meine Gedanken seinerzeit waren nicht zu düster. Es war eher realistisch, was ich gesagt habe. Mit Bezug auf die Situation in den westeuropäischen Ländern habe ich an anderer Stelle einmal von der „Verwilderung des sozialen Kampfes" gesprochen.

Und meinten damit?

Nun, auffällig ist sicherlich das bestehende Unbehagen an den kapitalistischen Verhältnissen. Dieses Unbehagen ist in den letzten Jahrzehnten stärker geworden. Sprich: Die Schäden, die der neoliberale Kapitalismus verursacht, stehen den meisten Menschen deutlicher vor Augen, doch das Unbehagen kommt eher in privatisierter Form zum Ausdruck. In „verwilderten Formen", wie ich es nenne. Etwa durch ungerichtetes Streben nach sozialer Aufmerksamkeit; durch eigentümliche Formen der Gewinnung von Aufmerksamkeit und Interesse, des Auf-sich-Ziehens von Anerkennung für die seltsamsten Belange. Das Streben in eine diffuse Öffentlichkeit hinein; die Selfie-Kultur; diese Tendenz, die Reality-Shows zu bevölkern mit all diesen verworrenen und erschreckenden Formen der Selbstdemonstration. Kurzum: Der soziale Konflikt hat im Augenblick keine normative Form, er ist formlos geworden.

Vor diesem Hintergrund ist es umso erstaunlicher, dass kaum hörbarer Protest zu vernehmen ist.

Offenkundig haben wir es mit einer Privatisierung politischen Protestes zu tun.

Was bedeutet das für grundsätzliche Diskurse in der Öffentlichkeit?

Im Augenblick existiert eindeutig ein Mangel an vorwärtstreibenden Ideen. Es gibt keine normative Idee, die offenbar so zündet, dass sie dem skizzierten privatisierten Protest und dem nach innen gekehrten Unbehagen Ausdruck verleihen und irgendwie zu einer Art von Sammlungsbewegung verhelfen könnte. Das scheint mir ganz offensichtlich zu sein. Dies muss keineswegs, wie oft vermutet, mit Apathie gleichgesetzt werden. Es ist zunächst einmal eine Enttäuschung darüber, dass Politik offenbar nicht mehr die Funktion übernehmen kann, sich den Interessen der kapitalistischen Modernisierung und der Absicherung des kapitalistischen Finanz- und Produktionsmarktes zu widersetzen. In den Augen weiter Teile der Bevölkerung herrscht der Eindruck vor, dass die Politik fest im Griff des Kapitals ist. Das führt zu einer großen Entpolitisierung. Zu einer Art von, wenn man so will, zynischer Resignation.

Was könnte getan werden?

Ich weiß ehrlich gesagt nicht, was konkret helfen könnte. Wahrscheinlich aber brauchen wir Ideen und Überlegungen, die überhaupt wieder dazu in der Lage sind, größeren Teilen der Gesellschaft klarzumachen, dass der Kapitalismus änderbar und veränderbar ist. Es fehlt an einer ermutigenden Idee.

Sie plädieren für eine Aktualisierung der Idee des Sozialismus. Was meinen Sie konkret?

Ich unternehme den Versuch, die alte Idee des Sozialismus daraufhin zu prüfen, ob sie für die Gegenwart wiederbelebbar ist. Ich knüpfe dabei an die alten Ideen des 19. Jahrhunderts an und frage danach, wie diese eigentlich normativ gemeint waren. Was war das Versprechen des Sozialismus? Im Anschluss daran stelle ich fest, dass der seinerzeit verstandene Sozialismus einiger weitreichender Revisionen in seinem Grundrahmen bedarf, wahrscheinlich auch einer Überwindung seiner marxistischen Ausdrucksgestalt. Es bedarf einer Verabschiedung bestimmter alter, lieb gewonnener Grundüberzeugungen, um den Sozialismus als eine tragfähige, auch für die Zukunft vielversprechende Idee wiederzubeleben.

Worin besteht die Attraktivität des Vorhabens?

Für mich liegt die Attraktivität im Sozialismus vor allem darin, dass man die Freiheit in einer anderen Form verstanden wissen wollte, als es der Liberalismus uns predigt. Der Liberalismus, in dem wir leben und der verschiedene Formen hat – das eine Mal stärker ökonomischer Liberalismus, das andere Mal politischer Liberalismus –, predigt seit Beginn des 19. Jahrhunderts die Idee der individuellen Freiheit: Einer Freiheit, die allein der Einzelne für sich erwirken und für sich realisieren kann – sei es auf dem Markt oder sei es in Form der politischen Teilnahme an parlamentarischen Wahlen. Die liberale Grundidee der Freiheit ist entweder eine negative, wonach der Einzelne das Recht haben soll, seine je individuellen Interessen nach Möglichkeit bis zu dem Umfang durchzusetzen, in dem es mit der Freiheit der anderen nicht in Konflikt gerät; oder es handelt sich um eine Form positiver Freiheit, wonach der Einzelne zur moralischen Selbstbestimmung in der Lage ist. In einer dieser beiden

Freiheitsformen besteht im Grunde genommen das liberale Versprechen.

Der Sozialismus hat dem ein anderes Versprechen entgegengesetzt. Dies bestand aus dem Versuch, zwischen den drei Forderungen der Französischen Revolution nach Freiheit, Gleichheit und Brüderlichkeit oder Solidarität eine vernünftige Einheit herzustellen. Die Idee dabei war, zu sagen, dass es einer Umgestaltung des Wirtschaftssystems bedarf in Richtung eines Mit- und Füreinanders statt eines Gegeneinanders. Und das scheint mir eine weiterhin verheißungsvolle Idee zu sein. Die Frage ist nun, wie man dies für die Gegenwart wieder attraktiv machen kann.

Zu welchem Schluss kommen Sie?

Ich denke, man kann das nur, wenn man einige damit zusammenhängende gesellschaftstheoretische oder geschichtliche Annahmen des Sozialismus preisgibt. Ich habe die Vorstellung, der Sozialismus müsste sich viel stärker als eine experimentelle Bewegung verstehen. Das heißt, was genau nötig ist, um am Wirtschaftssystem die Veränderung herbeizuführen, die ein Füreinander statt eines Gegeneinanders erlaubt, das wird sich erst durch eine unendliche Kette von experimentellen Forschungen durch die Öffentlichkeit herausfinden lassen. Das heißt, die Ersetzung eines – grob gesagt – Gesetzesglaubens durch einen historischen Experimentalismus. Das ist die erste Revision, die ich vornehme.

Als Zweites erscheint es mir opportun, die sehr enge Bindung des Sozialismus an die Arbeiterklasse preiszugeben. Der Sozialismus hat sich beinahe transzendental an die Arbeiterklasse gebunden, sodass Veränderungen in der Beschäftigungsstruktur, Veränderungen in den politischen Interessenlagen, Veränderungen auch in der Konfliktstruktur gar nicht mehr angemessen zur Kenntnis genommen werden mussten. Ich denke, auch da müssen Revisionen geschehen. Der Sozialismus sollte sich insgesamt als Organ einer forschenden, experimentierfreudigen Öffentlichkeit verstehen – natürlich in hohem Maße für die Belange der Arbeiterschaft oder der Schlechtgestellten in einer Gesellschaft, aber nicht als Ausdrucksorgan der Interessen des Proletariats.

Die dritte Revision ist vielleicht die grundsätzlichste. Der Sozialismus hatte sich allein auf die Idee einer Veränderung des Wirtschaftssystems konzentriert und andere, entscheidende Subsysteme beziehungsweise soziale Sphären vollkommen vernachlässigt oder deren innere Konflikte als Nebenwidersprüche abgetan: Die politische Sphäre der Demokratie und die Privatsphäre der Liebe und des emotionalen Zusammenlebens. Ich glaube, es täte dem Sozialismus gut, seine weiterhin großartige Idee der sozialen Freiheit auch für diese anderen Felder fruchtbar zu machen. Das sind die drei Revisionen, die ich vorschlage. Ob das dann irgendwann einmal Funken schlägt, ist natürlich schwer vorherzusagen.

Ist der Begriff „Sozialismus" gut 25 Jahre nach dem Fall der Mauer nicht immer noch diskreditiert?

Das habe ich natürlich auch überlegt. Ich glaube es allerdings nicht. Die Arbeiterbewegung hat ihre Träume vom Sozialismus auch dann weitergelebt, als sie keine Illusionen mehr über die Sowjetunion hatte, also noch in den 1950er- und 1960er-Jahren. Ich denke, schon da gab es keine Illusionen mehr darüber, dass der sowjetische Weg des Sozialismus total gescheitert ist, weil es einige Webfehler in der ursprünglichen Konzeption des Sozialismus gab. All das, was ich zuvor als die Nachteile des Sozialismus und die Erbfehler des Sozialismus bezeichnet habe – der Gesetzesglauben, die Idee der Diktatur des Proletariats, der Vernachlässigung der demokratischen Sphäre –, kam seinerzeit richtig zur Blüte. Eventuell spielt einem in diesem Zusammenhang die Unterscheidung zwischen Sozialismus und Kommunismus in die Hände, wonach der sogenannte Realsozialismus sowjetischer Prägung viel stärker mit kommunistischen Idealen assoziiert wird als der davon doch freigehaltene Entwurf eines Sozialismus. Meine Hoffnung ist es in jedem Falle, dass der Sozialismusgedanke nicht von vornherein assoziiert wird mit seiner falschen Realisierung in der Sowjetunion und der DDR.

Sie erwähnten bereits die Versprechen der Französischen Revolution von Freiheit, Gleichheit, Brüderlichkeit oder Solidarität. Vielleicht können wir in einem Parforceritt versuchen, die Begriffe ein wenig genauer auszuleuchten. Stichwort Solidarität. Bei jeder Bundeskonferenz der Arbeiterwohlfahrt wird am Ende „Wann wir schreiten Seit an Seit" gesungen und dann zum Schluss „Freundschaft" gerufen. Ist damit schon erklärt, was Solidarität ausmacht?

Nein. Ich finde, da muss man differenzieren. Das Versprechen der Französischen Revolution war ein Versprechen für die gesamte Gesellschaft: Alle Gesellschaftsmitglieder sollten untereinander solidarisch sein. In der Arbeiterbewegung ist mit der Zeit das Solidaritätsversprechen im Wesentlichen als eine nach innen gerichtete, in die Bewegung hinein geltende Forderung verstanden worden; die Arbeiterbewegung ist demnach nur in sich solidarisch. Das ist aber ein anderer Solidaritätsbegriff. Es ist der Solidaritätsbegriff einer kollektiven Bewegung, in der die Mitglieder sich deswegen solidarisch zueinander verhalten, weil man ein gemeinsames Ziel verfolgt.

Wie kann dies unter liberalen Bedingungen ermöglicht werden?

Ich glaube, dass der Ausgangsbefund des Sozialismus, wonach unter den Bedingungen einer breitenwirksamen Institutionalisierung nur von individuellen Freiheiten Solidarität als eine gesamtgesellschaftliche Form der Integration gar nicht vorstellbar ist, im Großen und Ganzen zutrifft. Freiheit wird hier entweder als ein sehr indirektes Miteinander über den Markt oder Freiheit als Realisierung von individuellen Interessen gegen den anderen verstanden. Dies ist sicher das fatale Erbe eines sehr reduziert verstandenen liberalen Freiheitsbegriffs.

Das Produktive der Idee des Sozialismus war: Man muss Freiheit und Solidarität zusammen denken können und sich klarmachen, dass viele unserer Freiheiten nur zu erreichen sind im Miteinander und im Füreinander. Das fängt – das war die Intuition von Marx zu Beginn – damit an, dass ich meine Bedürfnisse, auch meine sexuellen Bedürfnisse, nur im Miteinander mit anderen wirklich zwanglos und frei realisieren kann. Marx hat versucht, das auch auf die Wirtschaftssphäre zu übertragen. Ich glaube, seine Intuition war: Frei sein bedeutet, mit anderen seine vernünftig verstandenen Bedürfnisse in der wirtschaftlichen Kooperation zu realisieren. Damit kommt etwas ganz Neues in die Geschichte des politischen Denkens, nämlich, dass man einige unserer Institutionen oder die Versprechen der modernen Gesellschaft vom Begriff der sozialen Freiheit her aufrollt. Das scheint mir das tragfähige Erbe des Sozialismus zu sein – im Übrigen der Punkt, an dem der Sozialismus in ein kritisches Verhältnis zum liberalen Verständnis von Freiheit tritt –, sei es, wie gesagt, die reine Freiheit auf dem Markt, die vollkommen individualistisch und negativ verstanden wird, sei es aber auch die Idee der politischen Selbstbestimmung, die immer noch viel zu individualistisch verstanden wird.

Eigentlich bedeutet demokratische Willensbildung, dass man im Sich-Ergänzen der politischen Überzeugung zu einer gemeinsamen Idee des Guten gelangt. Dagegen ist es ein liberales Erbe zu sagen: Die Freiheit im politischen Prozess realisiert sich in meinem Wahlgang und meiner individuellen Stimmabgabe. Das ist viel zu individualistisch, deckt auch nicht ab, was wirklich stattfinden soll. Stattfinden soll ja ein Austausch der Meinungen in der politischen Öffentlichkeit und ein Sich-wechselseitiges-Ergänzen in der politischen Öffentlichkeit; meine Meinung soll ich korrigieren lassen durch die Meinung der anderen, sodass wir uns in einem ständigen Austausch miteinander befinden und daher in einem Prozess der Realisierung von Freiheit im Miteinander. Diese Sprengkraft der Idee der sozialen Freiheit, das scheint mir das eigentliche Erbe des Sozialismus zu sein. Damit wird der Sozialismus keineswegs zu einer kollektivistischen Idee. Das wäre ein Missverständnis. Es geht immer um die Freiheit des Einzelnen. Aber man muss sich klarmachen, dass die Freiheit des Einzelnen in vielen Zusammenhängen letztlich nur im Miteinander mit anderen zu verwirklichen ist.

Stünde in der Weiterführung dieses Gedankens letztlich dann auch mehr Gleichheit?

Ja, aus meiner Sicht ist das sogar die Pointe. Gleichheit ist gewissermaßen ein „by-product", sobald die Freiheit als ein soziales Zusammenwirken gedacht wird. Und dann heißt Gleichheit natürlich auch etwas je Verschiedenes, abhängig von der Sphäre, in der ich mit anderen füreinander tätig bin. Gleichheit heißt in der politischen Sphäre etwas anderes als in der Wirtschaftssphäre und wiederum etwas anderes als in der Familie. Aber es geht jedes Mal darum, dass Gleichheit dadurch zustande kommt, dass ich meine Freiheit im Füreinander mit anderen verwirkliche.

Das Gegeneinander befördert letztendlich jene sozialen Ungleichheiten und Entsolidarisierungstendenzen, die wir vermehrt feststellen müssen?

Ja. Das hängt aber auch eng zusammen mit dem jeweiligen Verständnis des Marktes innerhalb des Wirtschaftssystems. Heute dominiert massiv das neoliberale Verständnis des Marktes, wonach auf dem Markt nur individuelle Interessenmaximierer tätig sind. Das gilt natürlich genauso für die politische Sphäre oder die Privatsphäre. Wenn die Familie – oder überhaupt private Beziehungen – tatsächlich verstanden werden als Sozialformen, in denen es um die Realisierung je individueller Interessen geht, um die je eigene Selbstverwirklichung, dann löst sich unser Verständnis von Familie, Freundschaft und Liebesbeziehung auf. Insofern haben wir nur dann ein richtiges Verständnis von Freundschaft und Familie, wenn wir es als *auf* soziale Freiheit basiert verstehen und nicht in einem engen Sinn auf die Realisierung je individueller Freiheit.

Wäre die individuelle Freiheit als negativer Motor sozialer Ungleichheit und Förderer der Entsolidarisierung auch als Begründung von Intoleranzen heranzuziehen? Oder ist das zu kurz geschlossen?

Das ist zu kurz geschlossen. Ich glaube, Toleranz ist eine politische Tugend demokratischer Systeme. Toleranz ist auch unter Bedingungen einer bloß negativ gedachten Freiheit weiterhin eine Tugend. Sie ist insofern ein liberales Erbgut, das keine zukünftige, demokratische, vielleicht auch sozialistische Gesellschaft je wieder preisgeben darf. Die Frage von Toleranz ist in einem Problemkontext zu verorten, den der Philosoph John Rawls als „Faktum des Pluralismus" bezeichnet hat. Demnach leben wir faktisch in Verhältnissen, in denen die abweichenden Vorstellungen des je individuellen Guten eine soziale Realität darstellen. Und mit dem Faktum des Pluralismus – spätestens nach der Auflösung der Religionskriege – erwächst die Toleranz als ein normatives Gebot in unserem Typ von hochgradig heterogenen Gesellschaften. Faktum bedeutet: Es ist eine Tatsache, dass wir in pluralen Gesellschaften leben. Ich darf nicht von meinem Nachbarn erwarten können, dass er meine Glaubensüberzeugungen, meine ethischen Vorstellungen teilt. Mit dieser Vorstellung wachsen wir auf. Während wir vielleicht in früheren Gesellschaften damit groß geworden sind, dass wir alle katholisch sind, erfahren wir heute von früh an, dass der Nachbar von gegenüber, die mir begegnende Person auf der Straße sehr andere substanzielle Glaubensüberzeugungen besitzt, als ich sie habe. Dieses Faktum erfordert als ein Mittel des Umgangs miteinander die Toleranz als eine Tugend. Insgesamt hat dies weniger mit den Versprechen der Französischen Revolution zu tun, in denen eine bestimmte neue Form von Gesellschaft angestrebt und versprochen wurde, als mit der Herausbildung des Pluralismus nach dem Ausgang der Religionskriege.

Wo würden Sie im bisher skizzierten Zusammenhang die Gerechtigkeit verorten?

Gerechtigkeit ist der übergreifende Titel für die realisierte Einheit von Freiheit, Gleichheit und Brüderlichkeit. Diese drei sind normative Begrifflichkeiten, die etwas über die Grundstruktur der Gesellschaft besagen – etwas versprechen im Hinblick darauf, wie die Grundstruktur der Gesellschaft organisiert werden sollte. Gerechtigkeit ist die zusammenfassende Idee von der Realisierung dieser drei Versprechen. Gerechtigkeit ist insofern beinahe ein Metabegriff, der etwas darüber besagt, wie die Verhältnisse in den unterschiedlichen Sphären beschaffen sein müssten, damit sie zusammengenommen den Titel gerecht verdienen.

Sie haben in der Frage nach sozialen Konflikten vor gut 20 Jahren die Idee des Kampfes um Anerkennung entwickelt. Was ist darunter zu verstehen?

Der Kampf um Anerkennung ist vielleicht am ehesten zu verstehen als Kampf der Gesellschaftsmitglieder um die angemessene Deutung der oben genannten Freiheitsversprechen. Der Kampf dreht sich immer darum, dass die versprochene Einheit von Freiheit, Gleichheit und Solidarität verwirklicht werden kann; der Kampf um Anerkennung ist immer ein Kampf um die Anerkennung von Belangen, Interessen, Wünschen, Bedürfnissen, die im Lichte der herrschenden Prinzipien noch nicht angemessen berücksichtigt sind. Dies ist der Motor moralischer Veränderungen durch die gesamte Geschichte. Damit der Kampf nun gewissermaßen eine Richtung bekommt und eine moralische Form annimmt, bedarf es zunächst der Vorstellung einer Veränderbarkeit der Verhältnisse. Heute mangelt es massiv an dieser Vorstellbarkeit von Veränderungen. Das ist die zentrale Ursache für das Ausbleiben irgendwie zielgerichteter sozialmoralischer Kämpfe. Heute hat sich das realisiert, was Karl Marx schon fürs 19. Jahrhundert hat sagen wollen – und was damals überhaupt nicht gestimmt hat: Es findet eine Art von Fetischisierung der Verhältnisse statt; eine Verdinglichung der Verhältnisse, die nun als unveränderbar erscheinen oder uns als solche präsentiert werden.

Alternativlos ist dann die häufig genutzte Vokabel ...

... ja, genau.

Dass die sozialen Verhältnisse wie sachliche Gegebenheiten wahrgenommen werden, das war ja die Idee von Marx in seiner Fetischismusanalyse. Im 19. Jahrhundert stimmte das aber nach meiner Überzeugung gar nicht in diesem Grade. Da gab es eine lebhafte Arbeiterbewegung; es gab Proteste gegen die angeblich versachlichten Verhältnisse. Sprich: Die Verhältnisse wurden als veränderbar wahrgenommen, nicht als sachlich, sondern als unseren eigenen Tatkräften verfügbar. Dies ist heute, wie gesagt, anders. In der Geschichte gab es immer Phasen mit lebhaften Vorstellungen von möglicher Veränderbarkeit, aber eben auch solche, in denen es an derartigen Vorstellungen vollkommen mangelte, also Resignation, Anpassung, Verzweiflung und Apathie vorherrschten.

Haben Sie eine vage Idee oder Hoffnung, dass irgendwann eine Idee der Veränderung zündet?

Ich nenne Ihnen zunächst die Schwierigkeiten – vielleicht ist es leichter, so zu beginnen. Früher hatte man die nicht ungerechtfertigte empirische Vorstellung, dass die Arbeitsverhältnisse selber ein mobilisierendes Potenzial besitzen. Der Ort dafür war im Kern die Fabrik. Es gab – im Vergleich zu heute – gewisse kollektivierende Effekte innerhalb der Industriearbeit selbst. Das hat sich durch neue Formen der Tätigkeit im Dienstleistungssektor, in der die Arbeit wesentlich privatisierter, undurchsichtiger ist, die Herrschaftsmechanismen intransparenter sind, wesentlich verändert. Es resultiert heute nicht mehr ohne Weiteres eine mobilisierende, im Grunde genommen die Subjekte mit Hoffnung und Tatkraft erfüllende Bewegung aus den Arbeitsprozessen selber. Insofern dürfte man am ehesten vermuten, dass sich solche Triebkräfte innerhalb der politischen Sphäre entzünden können. Die jahrhundertelang gewachsene Hoffnung, dass der Arbeitsprozess selber die Formierung einer sozialen Bewegung auslöst, die Arbeiterschaft organisiert und mobilisiert, das scheint mir heute kaum mehr gegeben zu sein.

Insofern muss man sich fragen: Woher könnten diese transformierenden Kräfte eigentlich kommen? Ich verlasse mich immer darauf, dass ein nicht versagendes Interesse an Rückgewinnung von Kontrollmacht und Steuerungsmacht am Ende den Ausschlag geben wird und auch wieder Hoffnung auf Veränderbarkeit schürt. Ich glaube, dass es dazu immer einer mobilisierenden Bewegung bedarf. Die Gewerkschaften erfüllen diese Aufgabe seit längerer Zeit nicht mehr.

Sie wurden ja quasi ihrer Solidaritätsannahmen beraubt.

Ja, richtig. Aber sie haben es auch nicht geschafft, neue Solidaritätsquellen freizulegen.

Eindeutig. Wo würden Sie in diesem Zusammenhang die Potenziale bei Wohlfahrtsverbänden verorten?

Auch von Wohlfahrtsverbänden geht – wenn ich es richtig beobachte – eher die Botschaft der Reparatur aus als die der Veränderung. Sie scheinen sich heute eher darauf zu konzentrieren – sehr wahrscheinlich mit guten Gründen –, das Schlimmste zu verhindern. Sprich: den sozialen Absturz zu verhindern, die minimale Wohlfahrt zu garantieren, die Solidarität nach unten irgendwie sicherzustellen. Sie scheinen jedoch nicht in der Lage, das Ganze nach vorne zu öffnen. Auch da scheinen mir utopische Energien nicht mehr lebendig und präsent zu sein. Man hofft also auf den Funken. Aber woher er kommt, ist schwer zu sagen.

Axel Honneth
ist Professor für Sozialphilosophie an der Goethe-Universität in Frankfurt a.M., Direktor des Instituts für Sozialforschung in Frankfurt a.M. und Professor für Humanities an der Columbia University in New York. Im Suhrkamp Verlag ist der Band „Die Idee des Sozialismus – Versuch einer Aktualisierung" erschienen.

Das Zitat ist dem von Mauro Basaure, Jan Philipp Reemtsma und Rasmus Willig 2009 herausgegebenen Band „Erneuerung der Kritik. Axel Honneth im Gespräch" Frankfurt a.M., S. 26, entnommen.

Nachwort

Gerd Mielke

Land im Stress
Herausforderungen für sozialen Zusammenhalt und
Demokratie in Deutschland

1.
Die Interviews in diesem Band stammen aus 2015 und den ersten Monaten des Jahres 2016, also eigentlich aus einem eng gefassten zeitlichen Rahmen. Allerdings umschließt der Zeitraum, zu dem sich die befragten Expertinnen und Experten äußern, zumeist die letzten beiden Jahrzehnte, mithin den Übergang ins neue Jahrhundert oder, aus spezifisch deutscher Sicht, den Übergang in die neue gesellschaftliche, wirtschaftliche und politischen Normalität nach der deutschen Vereinigung. Die Interviews betrachten diese neue Normalität der Bundesrepublik aus unterschiedlichen Blickwinkeln. Diese Unterschiede in der Wahrnehmungsperspektive rühren zum einen aus den jeweiligen Forschungstraditionen der akademischen Disziplinen, die hier zu Wort kommen. Zum andern nehmen die Interviewpartner jeweils verschiedene Positionen zwischen den beiden Polen der theoretischen Reflektion und des politisch-praktischen Engagements ein.

So stehen die Interviews also für die Analysetraditionen verschiedener sozialwissenschaftlicher Disziplinen wie etwa die Stadtsoziologie bei Andrej Holm, die historisch geprägte Kulturwissenschaft bei Joseph Vogl, die umfragebasierte Extremismus- und Gewaltforschung bei Wilhelm Heitmeyer, die Soziologie der politischen Teilhabe und die Studien zur sozialen und politischen Gleichheit bei Armin Schäfer und Oliver Nachtwey oder der Genderforschung bei Sabine Hark. Das Bild, das in den Gesprächen von den gesellschaftlichen, kulturellen und politischen Zuständen in Deutschland zutage tritt, erfährt zudem durch den Erfahrungshintergrund der Gesprächspartner seine spezifische Prägung und erfasst entsprechende Ausschnitte und Probleme. Der philosophisch-normative Blick von Axel Honneth bringt anderes an den Tag als empirische Studien zur Wahlbeteiligung, zur gruppenbezogenen Menschenfeindlichkeit oder zur sozialen Mobilität. Die systematische journalistische Beobachtung von Werner A. Perger über die Gefahren des Populismus für das demokratische Miteinander und Dirk Kurbjuweits kritische Anmerkungen zur Ökonomisierung unseres Alltags führen zu anderen Eindrücken als die Erfahrungen aus dem Umfeld des Rechtsextremismus bei Bianca Klose oder als die Beobachtung der städtischen Wohnungspolitik. Allesamt signalisieren die Interviews, dass sie lange und komplexe Analysen und eine gründlich reflektierte Praxis zusammenfassen und zuspitzen.

Die Interviews in diesem Band präsentieren also keine Momentaufnahmen. Eher sind sie knappe und dennoch präzise Skizzen von Langzeitdiagnosen, die aus den Blickwinkeln ihrer jeweiligen Zunft neue, zuweilen befremdliche Entwicklungen im öffentlich-gesellschaftlichen und politischen Raum identifizieren und in ihrer Bedeutung für die deutsche Demokratie im dritten Jahrzehnt nach der Vereinigung, aber auch in einem deutlich erweiterten Europa zu interpretieren und zu diskutieren versuchen. Bei der Lektüre lösen sie durchgängig einen doppelten Effekt aus. Zum einen verweisen die einzelnen Beiträge auf dahinter sich ausbreitende Diskurs- und Forschungsfelder der jeweiligen Einzeldisziplinen. So laden die Befunde, die Armin Schäfer aus seinen neueren Forschungen zur fast schon unheimlichen Abhängigkeit der Wahlbeteiligung von den sozialen und wirtschaftlichen Verhältnissen in den einzelnen Wohnquartieren und Stimmbezirken anspricht, natürlich ein zu fragen, ob auch alle anderen Formen der politischen Teilhabe so sehr von Bildung und Einkommen der Bürgerinnen und Bürger geprägt sind wie diese elementare Form der politischen Mitwirkung. Oder sie führen zu der ebenfalls nahe liegenden Frage, wie sich wohl „die Politik" verändern mag, wenn „die Armen" ihren Einfluss als Wähler auf Dauer so dramatisch geringer ins Spiel bringen als „die Reichen", vom Einsatz all der anderen politischen Ressourcen einmal ganz abgesehen.

Diese Einladungen zur Erkundung der näheren und weiteren Themenumfelder, in denen sich die einzelnen Interviews bewegen, werden zum andern ergänzt durch Übergänge und kausale Ketten zwischen den verschiedenen Themenfeldern. Um bei unserem Beispiel zu bleiben: Von Schäfer führt ein direkter Weg zu Nachtwey, und von dort ist es nicht weit zu Perger. Wie hängen politische Apathie und Resignation, die in dem weitgehenden Rückzug bestimmter Gruppen vom Wählen zum Ausdruck kommen, mit den Mechanismen der Abstiegsgesellschaft zusammen, die Oliver Nachtwey beschreibt? Führt die Rolltreppe – um hier Nachtweys Metapher aufzugreifen – nicht nur nach unten, sondern herrscht zudem unten auch die Resignation? Aber wie erklärt sich, dass gerade rechte Parteien oft auch sehr stark in eben diesen Wohnquartieren sind, in denen Armut und Perspektivlosigkeit herrschen und die konventionelle politische Teilhabe zum Erliegen zu kommen scheint? Sind politische Apathie und politischer Protest, sind Wahlenthaltung und Anfälligkeit für die neuen rechtspopulistischen Parteien und Bewegungen zwei Seiten derselben Medaille? Wir sind mit dieser Frage in Werner A. Pergers Themenfeld des Rechtspopulismus und seinem Bedrohungspotential für die Demokratie angekommen. Es wäre ein Leichtes, den Weg von dort in weitere, benachbarte Felder zu beschreiben; so ist die

Forschung zur gruppenbezogenen Menschenfeindlichkeit, wie sie Wilhelm Heitmeyer und seine Bielefelder Studiengruppe in dem Großprojekt „Deutsche Zustände" über ein Jahrzehnt hinweg vorangetrieben hat, thematisch unmittelbar verknüpft mit den Diskursen zur Abstiegsgesellschaft. Sie geht einmal mittelbar auch in den Themenbereich der politischen Apathie sozial benachteiligter Gruppen über, vor allem aber bildet die gruppenbezogene Menschenfeindlichkeit, die Heitmeyer in seinen Forschungen vor allem auf der Individualebene untersucht hat, zugleich auch ein wesentliches Element der programmatischen und ideologischen Substanz rechtspopulistischer und rechtsextremer Parteien und Bewegungen.

2.

In ihrer Summe konstatieren die hier versammelten Interviews eine Krise des „demokratischen Kapitalismus", die sich in der westlichen Welt schon in den letzten beiden Jahrzehnten des 20. Jahrhunderts anbahnt und die in der Bundesrepublik seit der deutschen Vereinigung Zug um Zug unterschiedliche Bereiche des gesellschaftlichen, wirtschaftlichen und politischen Lebens erfasst und verändert hat. Den Ausgangspunkt dieser Veränderungen bildet, so formuliert es Joseph Vogl in seinem Beitrag, der Marsch der westlich-liberalen Volkswirtschaften und Staaten in das „Gefängnis des Markts". Um der Drohung der Kapitalflucht entgegenzuwirken, „wirbt man mit einer guten oder schlanken Figur um die Gunst der Märkte. Zugespitzt gesagt: Darin vollzog sich ein Wechsel von einem regierungsgesteuerten zu einem marktgesteuerten Finanzsystem. Das Gefängnis des Markts hat ... die Wirkung einer Geiselnahme erzeugt und ist in seinen Konsequenzen noch unabsehbar." Der englische Soziologe Anthony Giddens, einer der Vordenker des sogenannten „Dritten Wegs" von New Labour unter Tony Blair und anderen Parteien einer auf den Vorrang des Marktes ausgerichteten Spielarten der europäischen Sozialdemokratie, hat denselben Gedanken etwas anders formuliert; man müsse die alte Formel „politics against markets" durch die Formel „politics within markets" ersetzen. Auch wenn die politische und vor allem mediale Euphorie aus den 1990er-Jahren um Tony Blair und seine Nacheiferer längst verflogen und einer verschämten Ratlosigkeit angesichts der Spaltungstendenzen und ihren nachgeordneten Krisen in den westlichen Gesellschaften gewichen ist, heute agiert die Politik europaweit konsequent nach der Logik des Marktgeschehens, oder um es mit Dirk Kurbjuweit zu sagen: „Der Ökonomismus hat den Sieg errungen".

Wenn auch die langfristigen Veränderungen, die sich in allen möglichen Flügeln und Stockwerken des „Gefängnis des Markts" abspielen werden, noch immer unabsehbar sind, die hier präsentierten Teilansichten verheißen nichts Gutes. Unter den verschärften und ausgeweiteten Konkurrenzbedingungen eines immer größeren und komplexeren Marktes bei gleichzeitigem Rückbau und Abbau staatlicher und wohlfahrtsstaatlicher Interventionsmöglichkeiten nehmen Konflikte und Stress, aber auch Ängste und Frustrationen, Resignation und Ermattung sowohl auf der individuellen Ebene als auch zumindest jeweils in bestimmten Segmenten und Gruppen der Gesellschaft zu.

Dieser Stress und seine Folgen wirken jedoch nicht nur als eingekapselte Psychosen, weder auf den Einzelnen noch auch auf die davon betroffenen Gruppen, so bedeutsam auch dieser Befund schon sein müsste, wie Heitmeyer zeigt. Daneben kommen unweigerlich Konsequenzen zweiter Ordnung ins Spiel wie der nun auch spätestens im Frühjahr 2016 bei den Landtagswahlen in Baden-Württemberg, Rheinland-Pfalz und Sachsen-Anhalt so erfolgreich ins Rollen geratene deutsche Rechtspopulismus. Rechtspopulismus entwickelt sich auf einem reichhaltigen Nährboden aus weit verbreiteten Tendenzen der Prekarisierung in der unteren Hälfte der deutschen Gesellschaft, aus Statusängsten und Modernisierungsskepsis und nicht zuletzt aus ideologisch aufgeladener Gewaltbereitschaft. Wie ein Blick auf das umfangreiche und verästelte Schrifttum zum Rechtsextremismus zeigt, lassen sich die vielfältigen Erklärungsansätze auf die These zuspitzen, dass Stress sowohl den Einzelnen als auch Kollektive mit entsprechenden Dispositionen in die Radikalität treiben kann. All das erhebt immer auch unweigerlich Varianten der gruppenbezogenen Menschenfeindlichkeit zum politischen Programm.

Damit überwölbt zugleich auch ein Narrativ über die prinzipiell entsolidarisierenden und pathogenen Auswirkungen der Hinwendung zu einer Ökonomisierung von immer mehr Lebensbereichen, jenes Marsches in das „Gefängnis des Markts", diesen Band. Die Beiträge reihen sich in eine Diskussion ein, die in den letzten Jahren sowohl hier in Deutschland, aber vor allem auch im benachbarten Europa mehr und mehr Aufmerksamkeit gefunden hat. Historiker wie Hans-Ulrich Wehler[1] und Tony Judt[2], Soziologen und Ökonomen wie Thomas Piketty[3], Wolfgang Streeck[4], Michael Hartmann[5], Guy Standing[6] oder Peter Mair[7], um nur einige wichtige Autoren zu nennen, sie alle haben mit ihren Arbeiten ganz unterschiedlichen Genres einen im weiten Sinne „linken" und offenen Diskurs in Gang gebracht, den die hier versammelten Interviews mit Analysen aus dem deutschen Kontext ergänzen und erweitern.

---

1 Hans-Ulrich Wehler: Die neue Umverteilung. Soziale Ungleichheit in Deutschland. München 2013.
2 Tony Judt: Ill fares the land. A treatise on our present discontents. London 2010.
3 Thomas Piketty: Capital in the twenty-first century. Cambridge 2014.
4 Wolfgang Streeck: Gekaufte Zeit. Die vertagte Krise des demokratischen Kapitalismus. Berlin 2013.
5 Michael Hartmann: Soziale Ungleichheit – Kein Thema für die Eliten? Frankfurt 2013.
6 Guy Standing: The precariat. The new dangerous class. London 2011.
7 Peter Mair: Ruling the void. The hollowing of western democracy. London 2013.

3.

Durch alle Interviews in diesem Band zieht sich ein Subtext, nämlich die Frage nach den politischen Akteuren, die sich gegen die hier thematisierten Defizite und Defekte stemmen wollen und stemmen können. Die Logik sowohl der grundsätzlichen Bestandsaufnahmen etwa von Vogl und Kurbjuweit als auch aller übrigen Forschungsstränge zu den gesellschaftlichen und politischen Krisensymptomen in der Bundesrepublik verweist ganz eindeutig auf Akteure aus dem linken Lager. Allerdings prallen die hier in den Interviews vorgetragenen Analysen wie auch die anderen Stimmen des kritischen Diskurses – Wehler, Streeck, Piketty und all die anderen – auf den erstaunlichen Umstand, dass sich die organisierte Sozialdemokratie in fast allen europäischen Ländern in den letzten zwanzig Jahren von ihrer historischen Mission, die Politik wirksam gegen die Logik der Märkte in Stellung zu bringen, weitgehend distanziert hat. Die Preisgabe dieser traditionellen Fürsprecherrolle für die auf dem Markt besonderen Risiken ausgesetzten und in Bedrängnis geratenen Gruppen hat sich nicht in allen Ländern gleichzeitig und mit derselben Geschwindigkeit vollzogen, aber zumindest innerhalb der Europäischen Union gibt es keine sozialdemokratische Partei mehr, die sich nicht der suggestiven Formel von Anthony Giddens von den neuen Notwenigkeiten von „politics within markets" und damit de facto dem Leitbild einer marktkonformen Demokratie unterworfen hätte. In einigen wenigen Fällen, Frankreich und Italien seien hier beispielhaft genannt, konnten sozialistische bzw. sozialdemokratische Parteien noch aufgrund der irrigen Hoffnungen innerhalb der Wählerschaft, die sozialen Auswüchse eines entfesselten europäischen Marktes seien wieder einzudämmen, vor wenigen Jahren triumphale Wahlsiege erringen. Aber schon bald schwenkten sie unter dem mehr oder minder unverhüllten Druck Brüssels und anderer, bereits zur Marktkonformität bekehrter

Sozialdemokratien auf den Weg zu einer beschleunigten Ökonomisierung ihrer Gesellschaften ein. Die über fast 150 Jahre hinweg trotz mächtiger Gegner beharrlich verfolgte politische Option der europäischen Sozialdemokratie zielte darauf ab, die sozialen und wirtschaftlichen Verwerfungen in marktwirtschaftlichen Gesellschaften im Zuge einer graduellen Umverteilung von oben nach unten und mithilfe staatlich getragener bzw. kontrollierter Institutionen und eines breiten Fächers wohlfahrtsstaatlicher Maßnahmen zu korrigieren und abzumildern. Diese so lange Zeit selbstverständliche und auch so erfolgreiche Option der politischen Linken ist in Europa in den letzten zwei Jahrzehnten bis auf einige wenige Relikte eliminiert worden.

Die spezifisch deutsche Variante der Überführung der SPD als Hüterin des Wohlfahrtsstaats in die neue Rolle als politische Marktwächterin hat sich in dem ersten Jahrzehnt des neuen Jahrhunderts vollzogen, als die Sozialdemokraten zwischen 1998 und 2009 unter Gerhard Schröder, Franz Müntefering und Frank-Walter Steinmeier selbst in der Regierung waren.

Dabei sind vor allem zwei Aspekte bemerkenswert. Die Wende der SPD zur Agenda-Politik erfolgte zum einen trotz eines überwältigenden Konsenses in der deutschen Bevölkerung hinsichtlich wohlfahrtsstaatlicher Absicherungen über alle Regionen, Schichten, Altersgruppen und auch über alle parteipolitischen Lager hinweg. Noch gegen Ende der 1990er-Jahre befürworteten weit über 80 Prozent der Deutschen einen staatlich gewährleisteten und auf Verteilungsgerechtigkeit ausgerichteten Wohlfahrtsstaat; in den neuen Ländern lag die Zustimmungsrate erwartungsgemäß noch um einiges höher[8]. Die Zustimmungsraten in der Bevölkerung zu einem derartigen

---

8   Edeltraud Roller: „Ende des sozialstaatlichen Konsenses? Zum Aufbrechen traditioneller und zur Entstehung neuer Konfliktstrukturen in

System staatlich gewährleisteter Wohlfahrt liegen übrigens ein Jahrzehnt nach der Agenda 2010 und nach unzähligen medialen Hymnen auf die Segnungen des Marktgeschehens immer noch hoch in den 60er und 70er Prozenten. Die politische Kultur der Deutschen hat also, was nur sehr selten angesprochen wird, trotz aller modernen und differenzierten Entwicklungen immer noch auch stark egalitäre Züge. Doch anstatt die haushälterischen Grundlagen für den Erhalt dieses überwölbende Legitimation stiftenden, wohlfahrtsstaatlichen Systems in einer der reichsten Gesellschaften der westlichen Welt zu gewährleisten, sind die deutschen Sozialdemokraten beim Abschied von ihrem Markenkern geblieben. Sie setzen damit erhebliche Teile ihrer vormaligen bzw. potentiellen Anhängerschaft verschärften Marktrisiken aus und tun sich immer schwerer damit, den Ruf einer Partei des kleinen Mannes und der kleinen Frau zu rechtfertigen.

Zweitens schließlich zeichnet sich seit der Abkehr von der wohlfahrtsstaatlichen Tradition gerade bei der Sozialdemokratie eine allmähliche und fortdauernde Auszehrung ihrer organisatorischen und politischen Ressourcen ab. Diese Feststellung bezieht sich nicht nur auf den seit vielen Jahren fortdauernden Mitgliederschwund und die immer wieder bei Kampagnen erkennbaren organisatorischen Schwächen der Partei, vor allem in Ostdeutschland. Als zumindest ebenso problematisch erweist sich auch eine weitgehende Homogenisierung der sozialdemokratischen Parteieliten auf Bundes- und Länderebene in ideologisch-programmatischer Hinsicht. Die frühere innerparteiliche Vielfalt von programmatischen Strömungen und Faktionen innerhalb der SPD, oftmals mit einzelnen Landes- oder Bezirksverbänden als organisatorischem Kern, ist seit einem Jahrzehnt einem weitgehenden Gleichklang

---

Deutschland", in: Oskar Niedermayer, Bettina Westle (Hrsg.): Demokratie und Partizipation. Festschrift für Max Kaase. Wiesbaden 2000, S. 88–114.

der politischen Profile ihrer Führungsschicht gewichen[9]. Den deutschen Sozialdemokraten sind in den letzten beiden Jahrzehnten systematisch die Teil- und Gegeneliten abhanden gekommen, aus denen sich etwa Anstöße zu einer neuen Hinwendung zu den ehrwürdigen Traditionen wohlfahrtsstaatlicher Politik auf deutscher und vor allem auf europäischer Ebene erwarten ließen. So ist die Lage der SPD am Wählermarkt – bei höchster innerparteilicher Geschlossenheit – immer prekärer geworden, weil sie in ihrer Ausrichtung auf die problematische Formel „politics within markets" die politischen Brückenschläge in die unter Druck geratenen Milieus und Gruppen und zu den linken gesellschaftlichen Diskursen nicht mehr vollziehen kann oder auch nicht mehr vollziehen will. Ebenso rückt eine glaubwürdige Anschlussfähigkeit gegenüber zivilgesellschaftlichen Akteuren oder die Option von Bündnissen mit sozialen Bewegungen peu à peu in immer weitere Ferne.

Auf die bei den Interviews in diesem Band stets mitschwingende Frage nach politischen Akteuren, die die hier präsentierten Analysen aufgreifen und sie in politische Initiativen umsetzen, zeichnet sich bestenfalls eine unklare Antwort ab. Axel Honneth sucht mit seinen philosophischen Überlegungen einen Ausweg in einer Neuformulierung des Sozialismus, auch und vor allem, um den Menschen überhaupt erst noch einmal aufzuzeigen, dass es alternative Wirtschafts- und Gesellschaftsformen jenseits der aktuellen Ausformungen des Kapitalismus gibt. Inwieweit dieser Gedanke Mobilisierungspotential bereithalten könnte vermag Honneth, bei gebotener Offenheit, auch nicht abzusehen. Die Interviews präsentieren also eine beachtliche Reihe von Analysen, die sich auch zu einer kohärenten Diagnose vom krisenhaften Zustand der deutschen Gesellschaft aus linker Sicht verdichten lassen, aber ein handlungsfähiges

---

9   Max Reinhardt: Aufstieg und Krise der SPD. Flügel und Repräsentanten einer pluralistischen Volkspartei. Baden-Baden 2011.

linkes Lager aus Parteien, Gewerkschaften, Initiativen oder sozialen Bewegungen, das sich zu ersten grundlegenden Schritten bei der Bekämpfung der Krisensymptome in der deutschen Gesellschaft aufzuraffen imstande sieht, ist allenfalls zu erahnen.

Gerd Mielke
ist Professor am Institut für Politikwissenschaft der Johannes Gutenberg-Universität in Mainz.

Danksagung

Ich möchte mich bei allen Interviewpartnerinnen und Interviewpartnern sehr herzlich für ihr Mitwirken an diesem Band bedanken. Die Interviews stammen aus 2015 und zu Beginn 2016. Sie wurden für die Zeitschrift „Theorie und Praxis der Sozialen Arbeit" (TUP) geführt und sind für diesen Sammelband zum Teil aktualisiert worden. Das Buch würde ohne das Vertrauen und die Unterstützung von Frank Engelhardt vom Verlag Beltz Juventa gar nicht erscheinen können. Ich freue mich darüber und danke dafür sehr herzlich. Ebenso möchte ich meinen Redaktionskolleginnen und Redaktionskollegen von der TUP für ihre Unterstützung danken. Hier insbesondere Marius Mühlhausen, dessen kritische Einwürfe und fundiertes Wissen ich sehr zu schätzen weiß. Dem TUP-Herausgeber Wolfgang Stadler danke ich für seine großzügige Unterstützung bei diesem Vorhaben. Schließlich möchte ich Gerd Mielke ganz besonders danken. Nicht nur für seine Bereitschaft, das Nachwort zu diesem Band anzufertigen, sondern vor allem für unzählige geistreiche und humorvolle Hinweise in Gesprächen und Diskussionen, die weit über diesen Band hinausreichen.